U0602067

培训力

企业培训师修炼手册

陈璋 著

东方出版中心

图书在版编目（CIP）数据

培训力：企业培训师修炼手册 / 陈璋著. －上海：
东方出版中心, 2023.2
　ISBN 978-7-5473-2151-5

　Ⅰ. ①培… Ⅱ. ①陈… Ⅲ. ①企业管理－职工培训－
手册 Ⅳ. ①F272.92-62

中国国家版本馆CIP数据核字（2023）第008806号

培训力：企业培训师修炼手册

著　　者	陈　璋
策　　划	刘佩英
特约策划	胡峥峰
责任编辑	徐建梅
特约编辑	吕颜冰
封面设计	Echo
插　　画	Misa
版式设计	钟　颖

出版发行　东方出版中心有限公司
地　　址　上海市仙霞路345号
邮政编码　200336
电　　话　021-62417400
印 刷 者　上海万卷印刷股份有限公司

开　　本　890mm×1240mm　1/32
印　　张　6.625
字　　数　109千字
版　　次　2023年2月第1版
印　　次　2023年2月第1次印刷
定　　价　68.00元

版权所有　侵权必究
如图书有印装质量问题，请寄回本社出版部调换或拨打021-62597596联系。

欢 迎 词

你好，培训师！

打开这本手册，是你我之间的一场缘分。

相信你和大部分的企业培训师一样，因为工作的要求，"被迫营业"走上讲台，成为了讲师，把自己在企业内积累的知识经验进行萃取输出，传递给公司的新人们。这是一个艰巨的任务，也是一个光荣的使命。

如何快速上手、轻松搞定，成为企业培训师呢？这本书浓缩了我15年培训经验10 000小时的授课总结——"四步法"，从"思维认知"到"课程开发"，从"授课技巧"到"互动环节"，循序渐进，帮你从小白新手变成在台上侃侃而谈的培训师，成为公司年轻人心目中的职场导师，成为带着团队往前冲的教练，成为帮公司沉淀经验培养人才的管理者。

另外，我要特别感谢"出口陈璋工作室"的赵栋老师和葛奕婕老师为本书作出的贡献，他们都是我团队里非常优秀的TTT（Train The Trainer，培训培训师）讲师。

那么，就让我们一起出发吧！

陈璋

2022 年 11 月 11 日

于上海

培训师的奇幻之旅

思维认知篇
1 下定义
2 找初心
3 树愿景
4 寻使命
5 建目标
6 定方向

课程开发篇
1 课程开发的三大思维
2 敏捷开发地图

授课技巧篇
1 焦点转换
2 能量调频
3 口语表达
4 肢体呈现

互动环节篇
1 培训前
2 培训当天
3 培训后

目 录

欢迎词   1

前言：为什么人人都要成为培训师   1

第一章　思维认知篇   10

  一、下定义   12

    （一）什么是培训   12

    （二）什么是企业培训   12

    （三）什么是培训师   13

    （四）培训师要做什么   13

    （五）培训师生涯四阶段   14

  二、找初心   19

    （一）企业为什么要做培训   19

    （二）企业为什么要打造内训师团队   20

    （三）我为什么要成为企业培训师   24

    （四）成为企业内训师有哪些好处   26

三、树愿景   31

  （一）沟通者   32

  （二）演讲者   32

  （三）讲师   33

  （四）培训师   33

  （五）教练   34

四、寻使命   35

五、建目标   39

六、定方向   41

第二章　课程开发篇   44

一、什么是"课程开发"   45

  （一）真正有效的课程开发   48

  （二）移动互联网时代的课程开发   49

二、课程开发的三大思维   50

  （一）结果导向   50

  （二）客户意识   54

  （三）更新迭代   61

三、敏捷开发地图   67

  （一）封面页   70

（二）开场导入   71

（三）内容模块   85

（四）总结收尾   100

第三章　授课技巧篇   108

一、焦点转换   113

（一）四个焦点差异   119

（二）关注学员，而非自己   121

二、能量调频   122

（一）培训师"能量状态图"   124

（二）不要被负能量带跑   128

三、口语表达   130

（一）口语表达的三大目标   131

（二）口语表达的三种模式   132

四、肢体呈现   146

（一）三种培训风格   148

（二）肢体呈现的三大目标   152

第四章　互动环节篇　164

　一、培训前　166

　　（一）培训1～2个月前：准备期　166

　　（二）培训1周前：通知期　171

　　（三）培训1天前：确认期　171

　　（四）课前1小时：临场期　172

　　（五）开场前10分钟：暖场期　173

　二、培训全过程　175

　　（一）开场　175

　　（二）中场互动　179

　　（三）培训收尾　193

　三、培训后　200

后记　201

为什么人人都要成为培训师

近些年，中国经济飞速发展，各大企业成长势头同样猛烈。在2022年《财富》世界500强榜单中，中国（含港台企业）上榜企业数量达145家，比美国多21家，这是中国连续第四年成为全球上榜企业数量最多的国家。

中国世界500强企业 145家
美国世界500强企业 124家

然而，现代企业在发展壮大过程中也会遇到各种各样的问题。制约企业发展的一个重要因素就是人才。只有做好人才梯队建设，企业才能保持活力，蓬勃发展。而人才的发展与培养，必然离不开培训。对企业来说培训是助力其发展必不可少的方式之一。

诚然，企业组织开展培训经常借助外部相关领域的专家讲师；但很多企业自身业务和技术相关的经验知识，是外部讲师不了解也不熟悉的，他们没有办法为企业提供完全契合的培训。

怎么办？只能通过把企业内部专家、管理者培养成为内部培训师，开发只属于本企业内部的课程，并把这些专属内容教授给企业新人。

企业培训真正的主力军，并非外部专家，而是企业各层级的专业人才和管理者们——他们才是真正了解和懂得企业的内部专业人士。

这就是为什么在现代企业中，人人都应该成为培训师的重要原因。时代，需要你成长为企业培训师！

培训师的时代变迁

　　其实，培训师并非是新时代产物。从古至今，早就有了培训师的身影，只是我们不把他们称为"培训师"而已。

　　人类文明可划分为五个时代：狩猎时代、农业时代、工业时代、今天的知识时代以及未来的智慧时代。"培训师"这个职业并非今时今日的知识时代所独有。现在，不妨跟着我一起追本溯源，回顾一下每个时代的"培训师"究竟是谁，他们又在做着怎样的工作。

1. 狩猎采集时代

部落首领往往身材魁梧，善于捕猎。但首领无法一辈子都身强体壮，总有一天会变老，无法再打猎，那他该如何生存？这个时候他的身份就开始转变了——把自己狩猎的知识经验和技能传授给那些还打不到猎物的新人，只需要他们分一些猎物给他就可。

这样做，即使他自己打不到猎物，一样可以生存。如此这般，他成了狩猎时代的"培训师"，把经验知识传承给下一代，让更强壮的新生代为整个族群捕捉猎物，让部落得以延续，而他自己也得以利用知识经验而非体力继续生存。

这和现代企业中的管理者成为培训师，是不是一个道理呢？

• 狩猎采集时代

2. 农业文明时代

农业文明时代，人们从以部族为核心转为以家庭为核心。分地种田成为当时主要的生存手段，农业知识和种田技能需要传授和传承，此时出现两种关系：一是在社会制度层面，以"子承父业"的方式将农业技能代代相传。而伴随农耕时代出现的手工业，如铁匠铺，也以"师徒制"方式教授专业技能。二是教育兴起，"教学"成为社会发展的推动器。

这两种关系都和培训相关，尤其是第二种，代表人物就是孔子。孔子开庙堂之门，设学堂于乡野，让"教"与"学"更具普世性。培训也因此从专属化和私有化过渡到大众化。

• **农业文明时代**

3. 工业文明时代

工业文明时代，人们从农村走向城市，出现"工厂"这个时代产物。"如何发挥劳动者潜力"成为此时的思考核心。

"科学管理之父"弗雷德里克·温斯洛·泰勒在其《科学管理原理》一书中写道："通过提高劳动生产率增加工人工资"才能解决劳资双方利益一致的问题。

要解决这一问题，泰勒提出，必须对工人进行培训，教授他们用标准操作方法，使工人在岗位上成长。谁来培训工人呢？就是具有丰富一线实操经验的成熟技工。

由此可见，在工业时代，"培训"这个概念就已经逐渐拨云见日了，同时也奠定了当今企业对培训需求的基础。企业对人才的培养意识也就此开始。

· 工业文明时代

4. 知识文明时代

我们一般认为，当下我们所处时代就是知识文明时代。"培训师"这个概念正式以职业形式走进大众视野，成为必不可少的社会角色。

这个时代，大众对知识的需求更趋多元化、差异化，知识工作者亦成为劳动者主体。知识被认为比技能更具价值；人们会更多去思考如何利用自己的知识来创造财富，或者如何把自己所知传授予他人。

给予别人创造更大财富的机会，成就他人之余，也成全自己，让彼此都能获得更大的向上增长空间。

• 知识文明时代

5. 智慧文明时代

未来的智慧文明时代，也许我们并不知道会发展成什么样子，但很有意思的一点就是你会发现知识、智慧或者说人类在文明发展过程当中积累的那些东西变得越来越重要。

随着人工智能的到来，也许有一天，"培训"这个行为可能会消失，但人们对知识的需求不会降低，反而会越来越多。届时可能每个人只需在大脑中植入一张芯片，就可共享全人类的知识和信息。在那一刻来临之前，我们所做的一切都是在为构建未来的知识库而固本筑基。

时代给予了我们机遇，也对企业管理者、技术专家和业务专才提出了更高要求，需要他们成长为企业培训师，引领企业人才发展，最终带来基业长青。接下来，就让我们一起开启这场培训师之旅吧！

• 智慧文明时代

第一章

思维认知篇

思路决定出路，
认知决定高度。

认知六步法

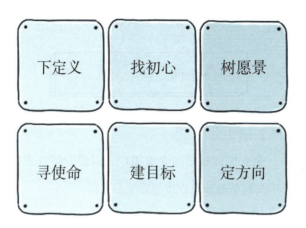

下定义　　找初心　　树愿景

寻使命　　建目标　　定方向

一、下定义

(一) 什么是培训

培训，从字面意思上来讲，就是培养+训练。通过培养加训练这两种主要途径，使受训者掌握某种技能。本书所谈的培训，更多是指针对成年人偏重于技能的培训形式。

培训=培养+训练

(二) 什么是企业培训

简言之，企业培训就是由企业组织、以提升绩效为终极目的、组织企业员工共同掌握知识或技能的学习活动。

企业常见的三大类培训	
专业技能培训	生产管理、质量管控、市场推广、经销商、物流采购等
通用技能培训	Office办公技能（包括Word、PPT、Excel）、商务礼仪、职业素养、商务英语、结构化思考、自我管理、时间管理等
管理技能培训	沟通技巧、执行力、领导力、团队建设、项目管理、绩效管理、问题解决等

(三) 什么是培训师

培训师是能够根据培训对象及需求，策划开发培训项目、制订实施培训计划，并从事教学活动的人。

(四) 培训师要做什么

身在移动互联网时代，培训师也需要秉持设计思维开展培训项目。不仅要以内容为王，还要注重培训对象在课程中的体验。也就是说，培训师必须从如何让学员沉浸式学习这个角度来思考设计培训内容和环节。

（五）培训师生涯四阶段

时代发展促使培训师这个职业不断更新迭代。其实，培训师的职业生涯远不止企业内训师那么简单。我曾经在世界知名的500强企业英特尔公司担任过兼职内训师，后来又在蒂森克虏伯集团担任全职内训师，再后来成为职业培训师，而今天，则是培训师的培训导师。

也许未来有一天，你也会和我一样，走上职业培训师的道路。那么，我的培训师职业生涯又是如何一步一步发展过来的呢？总体来说，我主要经历了四个阶段。

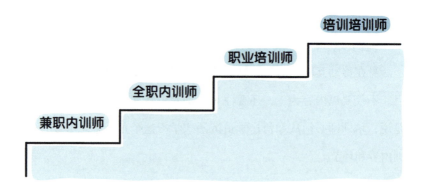

兼职内训师

15年前，我供职于英特尔公司，一开始做培训，只是想作为一名专业人士把自己领会的知识分享给同事们而已。成为管理者以后，偶尔我也兼任公司培训师，传授一些专业知识以外的管理和沟通心得。

所以，兼职内训师一般由企业内部业务专家、技术专家、部门主管、公司高管等担任。他们在公司有本职工作，但因技能和经验丰富，所以常在公司内部分享或开展培训。有些企业培训中心，还会为兼职内训师们申请补助，上课之余还有额外收入，何乐而不为呢！

全职内训师

我离开英特尔之后去了德国蒂森克虏伯集团，成了一名全职内训师。全职内训师也就意味着，我的全部工作就是开发课程、讲授课程。当时我们的培训学院有6位全职老师，经常要飞到全国各地分公司对蒂森克虏伯员工、管理者进行培训。

我担任的职位是"高级管理培训师"，主要就是帮助中/基层管理者们提升他们的管理能力、沟通能力以及领导力。还有一批老师是技术型专家，主要负责培训专业技术类课程。

很多大型企业都有较具规模的培训中心，也会聘用一批专职培训师为公司员工做培训。在企业中，不管你是管理者还是专家技术型人才，只要你肚里有货值得分享，你都有机会站上讲台，成为企业的培训老师。

职业培训师

在担任了一年多的全职培训师后，我离开蒂森克虏伯集团亚太培训学院，成为一名自由讲师，或者叫"职业培训师"。

这个时代已经有很多企业高级管理者和业务技术精英们因为职业发展或者个人追求而决定离开原有企业，成为一名职业培训师。

如果你拥有出色的专业类技能，而这些技能也是其他企业所需要的；抑或你拥有通用管理类技能，如沟通力和领导力等，那么你也能成为像我这样以培训师为职业、以讲课为谋生手段的人。

职业培训师正是为这个时代所需。因为一些优秀的管理经验、沟通的软技能经验放诸四海而皆准，不同企业都有所需。我就经常受邀去不同企业把这么多年来的经验知识分享给大家。

培训培训师

我现在不仅是职业培训师，还会经常受邀去不同企业帮助他们培养讲师团队。所以，我也是培训师们的老师，也就是"培训培训师"——这就是培训行业常说的TTT。我自己也有一家公司，培养了一个讲师团队，我带着这一群培训师一起，经常到不同企业进行培训。

以上是我经历的培训师生涯四阶段。这四个阶段让我在认知、开发、授课、互动四个维度积累了丰富的与培训相关的技能及知识。希望通过这本书把我多年的经验和总结分享给大家。

如果你是企业中的管理者，希望自己的经验能够帮助你成为优秀的企业内训师，把自己的知识经验充分发挥出来，带领你的团队成员共同成长进步；如果你是企业中的技术专家，有一技之长，也希望自己的知识经验能够帮助你成为企业的专家讲师，在培训师这条道路上走得更好更远。

二、找初心

（一）企业为什么要做培训

《纽约时报》评选的畅销书《最伟大公司的7个秘密》中，把"人才培训：培养、教育和组建优秀的团队"作为企业成功的7个秘密之一。书里提到："最高质量的培训绝不亚于正规教育。培训就是学习前人已经创造出来的'最佳实践'"。通过十多年给企业做培训的经验，我总结了企业培训的三个常见原因。

原因一：岗位能力不足

岗位能力不足

每一个刚刚毕业的学生，刚进入一家公司的时候，都不可能立刻投入工作，都需要一段时间的培训和培养。岗位能力不足就无法胜任这个岗位，也无法顺利完成工作。

总结：从"不行"到"行"。

原因二：培养潜在人才

培养潜在人才

人才，特别是高潜人才，是企业发展必不可少的要素，但人才不会凭空而来，企业在更多时候像是培养皿，筛选有能力、有意愿、有目标的员工，通过培训为其提供成长的土壤。

总结：从"行"到"很行"。

原因三：打造管理团队

打造管理团队

企业培训通常有两类内容，一种是精神文化类培训，一种是专业技术类培训。从团队视角来看，通过培训首先统一战略思想，让大家站在同一起跑线，对目标达成共识；其次，再通过培训提升技能，填补团队短板，加速成熟和发展，员工也在经过培养得到能力提升后，有更多升职加薪机会，从而在思想、技能、制度上完善团队管理机制。

总结：从"很行"到"升职加薪"。

（二）企业为什么要打造内训师团队

| 知识经验迁移 | 人才梯队建设 | 可持续发展 |

第一：知识经验迁移的需要

企业每年都会请外部培训师来为内部员工培训一些通识性课程。但企业内部还有很多和专业技术、业务相关的知识技能是需要传承的，外部培训师不懂，只能靠内部人员分享，这时候就需要内训师团队了！

一艘巨轮发动机出现故障，在
一望无际的大海里抛锚了。船长接
二连三地请来几位专家都找不到问
题所在。最后，来了一位从小就在
船上从事机械维修的老技师。老技
师将发动机从上到下仔仔细细地检

查了一遍；检查完毕后，他从工具包里拿出了一把小锤子，轻轻地
敲了敲什么东西，而后，发动机忽然神奇地启动起来了。敲了几下，
居然就修好了！就这样，这艘巨轮最终安全抵达了目的地。

一星期后，船长收到这位老技师开出的账单：总额 1 万美元。

"什么？ 1 万美元！"船长惊叫了起来："他什么都没做！只是用
锤子敲了几下就要 1 万美元，这不是狮子大开口吗？"于是，他要求
老技师列出一份详细的维修清单，证明维修费值 1 万美元。老技师很
快就寄来了一份清单，清单上只有两个项目：① 用锤子敲击：收费
1 美元；② 知道锤子该敲在哪里：收费 9 999 美元。

你看，这就是经验的价值。任正非曾说过：企业最大的浪费，
就是经验的浪费。更多时候，我们需要通过内训做好知识迁移。

第二:人才梯队建设的需要

我曾担任蒂森克虏伯集团亚太培训学院高级管理培训师。这是家制造电梯的德国企业。我入职后才知道,一家电梯公司最大的部门,不是生产部和技术部,而是维保部。为什么呢?因为每台电梯安装后,国家规定每15天要做一次保养。全中国共有多达几十万台蒂森电梯,每隔15天轮流做一次维保,再加上日常维护,对于维保人员的需求非常大。如何保证他们都能得到恰当到位的培训呢?

在这里,有经验的老师傅年纪大了,从一线退下来,就升级成为内训师,去全国各地培训维保部门的主管们,主管们再去培养下面年轻的新人——维保技术工程师。于是就形成了**老带中、中带新**的梯队培养模式。这样就有源源不断的人才梯队储备。

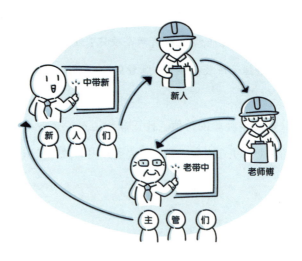

第三：可持续发展的需要

有数据表明，世界500强企业的平均寿命是40年，日本企业平均寿命是30年，而中国企业平均寿命只有3.9年，中国中小企业平均寿命只有两年半。也就是说，大部分中国企业从创立到消失，不超过4年。为什么会这样？

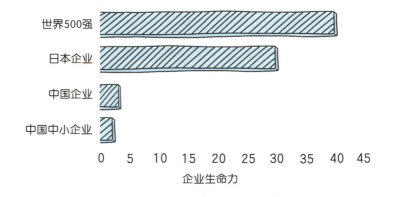

我想道理很简单，要想成为一家百年企业，一定要重视人才培养，否则，就像三千多年前的亚历山大大帝那样，在短短13年时间里创下前无古人的辉煌战绩，建立了不可一世的马其顿帝国。但在33岁生病离开这个世界后，他的帝国立刻分崩离析。为什么？因为，他忙着打仗，没有用心去栽培合格的继承人。

（三）我为什么要成为企业培训师

曾经有企业的学员问我说："陈老师，你为什么会做培训师呢？"这要回到我的研究生时代。那个时候我在上海交通大学读研，其间已经开始做助理讲师，要讲课带学生了。自己其实还是学生，却能给本科生上课，还被尊称为"老师"，这让我有一种强烈的、被尊重的满足感，而责任心也油然而生。

有这么多人来听我讲课，我不能把课讲得很烂吧？我要对得起来听课的学生吧？自那以后，我愈加努力备课，每次看到本科生们认真又投入地听我精心准备的课程时，我就有一种被认可的自我价值感油然而生。

我讲"蝴蝶效应"的故事

有一次我给本科生上物理实验课，课程中讲到一个概念——"混沌理论"，也称"蝴蝶效应"，简单来说，就是太平洋上的一只蝴蝶扇动了一下翅膀，就有可能引起海上的一场风暴。当时我觉得这个理论挺难讲的，怎么讲才能吸引学生的注意力，让他们愿意听呢？于是我就想到了一个好办法。我把蝴蝶效应当作男生女生谈朋友来打比方。我说："男生们，你们是不是永远搞不清楚自己的女朋友为什么会生气？这就是蝴蝶效应。女孩子的心思你猜不透，但你要是回答得不好，那可能就会引起两人之间的一场大风暴哦，因为你永远不会知道女朋友不高兴是什么原因引起的——这就是混沌理论，蝴蝶效应。"学生们听得特别带劲。

没想到，我讲"蝴蝶效应"的事情，也给我带来了一场蝴蝶效应。越来越多本科生喜欢上我的课，主动选我的课，对我本人的风趣幽默也很是认可。还经常有其他班的学生偷偷跑来听我讲课，所以我的课程上座率经常是100%。

记得还有一次，我刚进教室，角落里就有两位女学生在大声地议论："对对，就是他就是他，我就是特意要来选他的课。"虽然我表面上还是波澜不惊，但内心真有点小鹿乱撞了，没想到还有女生特意来看我？我内心感受到的不仅仅是被喜欢的满足，还多了一分被崇拜的雀跃。

　　你有没有曾经跟我一样有想做老师的冲动？如果有，恭喜你，你身上有成为优秀培训师的潜质，以及对教育事业的热爱。多年后回顾总结，这才发现研究生期间的经历就已承载了我想要做老师的初心，这份初心逐渐生根发芽。尽管初进职场，我的工作是项目经理，但一旦有和培训相关的任务，我就会按捺不住，积极参与。这也为我后来的职业转型作了无形铺垫。

（四）成为企业内训师有哪些好处

　　除了对教育事业热爱之外，成为企业内训师到底会带来哪些实实在在的好处呢？根据我的经验，有以下三点。

| 突破职业瓶颈 | 增加职场资本 | 提升表达能力 |

我在英特尔公司任职的时候，最开始只是一个默默无闻的小工程师。入职后不久，我参加了一次项目管理培训。那堂课可让我惊呆了！上课老师坐在讲台上一动不动，只是照着PPT念。

我心想：这样也能上课！

好几位同事受不了当场离开；也有同事尝试问老师，听不懂，能否再讲一遍。结果，老师又重新念了一遍。于是，我们都死心了！当时我就想，如果换作我，我一定讲得比他好。我为什么不尝试去做培训师呢？

就这样，我找到大老板，主动请缨：我要做培训师！我觉得我有一些东西可以跟大家分享，而且我有信心可以讲得更好！我们大老板特别支持，因为他很赞同人才多向发展。

我动员了同部门一位经理，一起做内训师，一起开发课程，一起给大家授课（主要在部门内）。后来，我们基本每周五下午都会花三个小时给整个部门做培训。

大老板看到我们做的效果不错，非常支持，也参与进来一起开发课程。于是，我就有了近距离接触大老板的机会。要知道，以前好不容易才能见一次，现在每周都可以在一起，太幸福了！

突破职业瓶颈

在英特尔主动请缨当上内训师后，因为我充分展示了自身能力，不仅为部门带来价值，也打通了自己的晋升之路。

我发现，大老板接下来会有意无意把公司的很多重要任务都交给我。大老板派我去参加每年一度的英特尔硅谷大会，同事们也没有任何异议。他们见识过我的授课能力，觉得这个家伙可以的，他会讲，就让他去。

本来工程师做得不温不火，倒是兼职做了内训师让自己出圈升职，突破了个人的职业瓶颈！

突破瓶颈，找到职场发展新路径

增加职场资本

做培训师，其实是一个"输出倒逼输入的过程"。

我们在企业内讲课，不是要等到自己知识体系完善、课程体系完美了才去讲；反而是在开发课程的过程中慢慢梳理完善自己的知识体系，查漏补缺。

这有点像考试。不考试，你不知道自己的薄弱环节在哪里；不讲课，你不知道自己对这个主题的理解还有哪些欠缺。

我曾经协助某家IT企业开展内训师培养项目。开发的课程都与技术系统相关，比如"如何做出优秀的系统文档设计""××业务系统简介"和"××功能介绍"。这些知识和技能都属于大家day to day（日常的）工作范畴，但是当他们要把内容汇总出来变成一个可

教授课程时，就需要更加全面地去梳理自己的知识系统，同时也是对过往工作经验的一次重要回顾和总结。

梳理完毕也为自己增加了职场资本。本来你对这部分的知识掌握可能只有70分，系统梳理后变成了现在的90分。无论是内部竞聘转岗，还是外部跳槽，当你不但能拿出自己的工作业绩，还能拿出自己开发的课程体系时，对方肯定会为你加分。因为你不仅带去了个人经验知识，还有帮公司复制人才的可能性。

提升表达能力

打磨课程俨然是个提高沟通表达能力的过程。把你懂的东西讲得别人也能听懂，那就厉害了！怎么让别人听懂？必须一遍遍磨炼，锻炼自己深入浅出的表达方式，多用数据、案例、故事、类比等把一个事情讲透讲明。能把课讲好，表达力自然也跟着大大提升了。

教授沟通表达课程是我的老本行。这门课我在不同企业总共讲了十余年，既见过凭借出色沟通表达能力节节高升的企业高管，也见过因缺乏沟通表达能力导致晋升遇到瓶颈的业务骨干。

我的总结是：这事是可以后天修炼的！你用不着从2～3分跃升到9～10分，毕竟它不像脱口秀要求那么高。但是，从2～3分跃升到6～7分，绝大多数人都能做到；而且，提高这个分值能让你职场晋升、事业发展事半功倍。

三、树愿景

　　有没有愿景对于培训师来说，具有表面微小实际重大的差别。没有愿景的培训师往往只会被动式地完成培训任务，而不会主动积极、负有责任意识地来开展培训。

　　我们把企业内训师的发展分为五个层级，从低到高分别是沟通者、演讲者、讲师、培训师、教练。下面，我们来简单介绍一下。

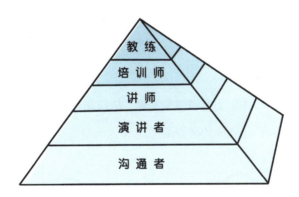

（一）沟通者

沟通者对应的能力是倾听、共情、提问、阐明。想成为一名企业内训师，首先要掌握与人沟通的基础能力。

（二）演讲者

演讲者对应的能力是逻辑和呈现。如何在大家面前把话讲清楚、讲生动，是每位培训师的必修课。

（三）讲师

讲师对应的能力是课程开发和授课技巧。在这个阶段，企业内训师需要掌握的技能是开发好课程、把课讲好。

（四）培训师

培训师对应的能力是控场互动和体验设计。在这个阶段培训师要更好地跟学员控场互动，学会设计课程中的体验环节。

（五）教练

教练对应的能力是萃取和带教。企业内部的教练往往由管理者担任，要懂得萃取知识，形成可视化产品，同时具备引导技能，能够带教员工，辅助企业人才梯队建设。

说到这里，大家可以思考一下，你目前在培训师发展金字塔的哪一层级？愿景是到达哪里？希望通过本书，你至少可以快速达到讲师层级，成为企业内训师。现在就将你的愿景写下来吧。

四、寻使命

　　马克思曾说过："作为确定的人，现实的人，你就有规定，就有使命，就有任务，至于你是否意识到这一点，那都是无所谓的。这个任务是由于你的需要及其与现存世界的联系而产生的。"

　　使命是客观存在的，不以人的意志为转移。无论你是否愿意接受，是否意识到，或者感觉到它的存在，使命往往伴随你的出生而降临于身。

　　这是古印度一位年轻人的故事。他出生于古印度迦毗罗卫城，也就是现在的尼泊尔。

　　这位年轻人家境不错，自幼过着锦衣玉食、无忧无虑的生活。

他精通骑射，博学多艺，本该前程似锦。直到一次出门游玩，他看见一老人，伛偻曲背，手扶竹杖，举步艰难，有如蚁行。这让他顿时有感于人生老苦，心生忧郁。自此，他便经常陷于沉默思考，看到的疾苦越多，越激发他的悲悯心。

29岁时，年轻人经一摆渡人点拨，终离家，到处寻师访友，探索人生解脱之门。六年后，他渡过尼连禅河，来到伽耶，坐在菩提树下，沉思默想。经过七天七夜，终于觉悟成道。

这位年轻人本名乔达摩·悉达多，悟道后被称为"佛陀"，也就是释迦牟尼。悉达多从原本锦衣玉食的王子，到后来因顿悟舍弃周身投身修行，肩负为普罗大众探索解脱之门的使命，最后悟道成佛。

培训师为什么要有使命感？

无论是马克思也好，还是悉达多也好，都因使命而蜕变。回过头来看培训，如果想让你的培训更有价值，培训师也需要借助使命感来鞭策自己，进而影响他人行为。

我刚成为培训师不久，一位导师曾对我说过这样一句话："我们培训师的使命，就是**影响他人产生积极的改变**！"

影响他人产生积极的改变

这句话中，关键词有三个：影响、积极、改变。

先说"影响"。

作为培训师，不应强迫，而是通过言传身教，帮助他人达成学习目标。所以，你自己首先要能不断优化提升。如果一名培训师在台上所讲的内容，自己还没学习、理解、应用、领悟过，如何能获取学员信任，进而影响他们？所以，培训师要想尽一切办法让自己在专业领域变得更优秀，才能对他人产生影响。

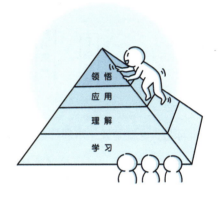

再说"积极"。

扪心自问，你是一个积极向上的人吗？苏格拉底曾说过，教育不是灌输，而是点燃火焰。如何积极点燃学员心中的火焰？培训师本身要具备"永动能"，不仅要持续提升自身能力，更要对学员秉持积极引导的心态。

再说"改变"。

我经常对学生说：培训的本质是改变。企业培训师的首要任务就是为企业解决问题。解决什么问题呢？解决人的问题，解决发展

的问题。也就是说，培训师的职责是，从不同角度为学员带来改变。可以是技能提升，可以是理念突破，可以是战略统一，或者只是一个念头转换。这都是改变！

五、建目标

了解了什么是企业内训师，也大致清晰了作为一名培训师所需要的技能，接下来该如何在企业内训师的道路上进阶呢？一个有效的目标需要满足这几个要素：具体的、可衡量的、可达到的、有明确的截止期限的。企业内训师在进阶路上该如何设定有效目标呢？

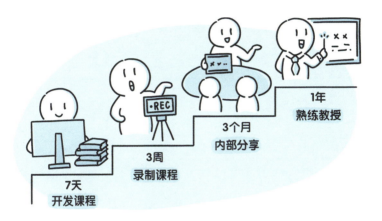

我们把企业内训师的进阶之路分为四个阶段性目标：7天、3周、3个月、1年。

7天目标：期待阅读完这本书7天后，开发出一个20分钟的微课（包含课程PPT）。

3周目标：期待开发出微课后的3周内，把微课录制成一个在线授课视频。

3个月目标：期待录制完视频后的3个月内，在公司内部组织一个线下分享。

1年目标：期待在之后的1年里，熟练教授这门课程。

这四个阶段性目标，可以在本书的指导下逐一完成。无论目标是什么，最重要的是行动起来。

六、定方向

培训师的最后一项认知是"定方向",也就是找到自己的课程领域。怎么找方向呢?给大家提供三个参考标准。

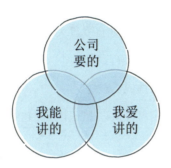

第一个参考标准:公司要的。

既然是企业内训师,培训内容首先必须依托于公司需求。例如,提升业务能力的课程,提升团队凝聚力的课程,或者提升管理者能力的课程等。

第二个参考标准:我能讲的。

公司所需的你可能都不会讲。"我能讲的"指的是你在职场中最拿手的东西,你的职场专业背景,你所掌握的专业技能等。例如,有的人做HR(human resources,人力资源),能讲的就是和HR相关的知识;有的人做销售,能讲的就是和销售相关的知识,例如如何开拓渠道、发展客源等。

第三个参考标准：我爱讲的。

除了专业领域，你还有一些自己特别热爱或追求的领域，甚至和本职工作无关的爱好，它们也可以成为你开发课程的方向。

我在英特尔公司有一位同事，他的日常工作是编程，但摄影技巧很高超，于是经常给同事们分享如何摄影。再比如，我有一位好朋友段芳老师（Suki），她毕业自复旦大学新闻系和香港大学管理系，后来进入企业做的是采购经理，但她个人却对女性成长特别感兴趣，现在已是一位卓越的女性成长教练。

总之，相信你一定可以从以上三个方面找到自己的培训师方向。

总 结

认知六步法	
下定义 （你要做哪一类型的培训师？）	
找初心 （你为什么要成为培训师？）	
树愿景 （你想成为怎样的培训师？）	
寻使命 （你的使命关键词是什么？）	
建目标 （你接下来的目标是什么？）	
定方向 （你的课程方向是什么？）	

第二章

课程开发篇

这个时代不缺课，
缺的是有用的课。

一、什么是"课程开发"

来自"百度百科"的定义说:"课程开发,是指通过需求分析确定课程目标,再根据这一目标选择某一个学科(或多个学科)的教学内容和相关教学活动进行计划、组织、实施、评价、修订,以最终达到课程目标的整个工作过程。"

怎么样,很难理解吧?让我们来简化一下——

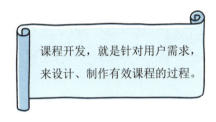

课程开发,就是针对用户需求,来设计、制作有效课程的过程。

这样就易于理解了。但是,提到"课程开发"四个字,很多资深的培训师也会忍不住深吸一口气。确实,这事不容易!一方面,是对自己在工作中积累的知识经验的萃取;另一方面,也是对自己是否真正掌握这项知识技能的验证。

工作中很多知识技能,自以为很懂;一旦要开发一门课程,去教别人,突然发现,原来自己只是一知半解!于是,你一边开发课程,一边不得不再去学习更多知识、掌握更多技能,才有足够本事去教别人。这就是"教学相长",对应的一个英文词组叫作"Learn by teaching",意思就是,"当你试着去教别人时,自己反而是收获最多的那个"。

　　作为培训师，当你尝试开发一门课程，再去教授别人，这正好也是自我提升的最佳时机。

我的一次听课经历

　　10多年前，我还在美国英特尔公司担任项目负责人。有一次，我去听一个项目管理PMP课程。讲课的是英特尔企业大学一位项目管理认证老师。我满怀期待，但课程开始没多久，我就慢慢觉得不对劲了。因为这位老师全程都在念PPT！关键是，这个PPT还是全英文的。他把PPT一放，一个字一个字，用他蹩脚的英文念给我们听。

　　如果你是台下学员，请问你会有什么感受？我听了整整两

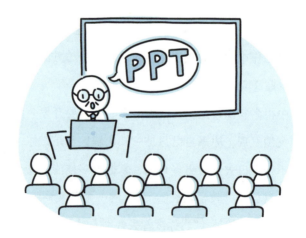

小时，实在受不了了。你想想，如果所谓讲课只是由老师来念PPT，不如把PPT直接发给我们，让我们回家自己看。我哪还需要你在讲台上给我念一遍。难道你以为你的声音像播音员一样好听吗？

当然，尊师重道是中国传统。无论如何，他身为老师，我们礼貌上还是要尊重他。所以，我们也就硬着头皮继续听。实在听不下去就看手机和电脑，也不好意思说啥。一直到台下有位同事突然出声打断："老师，您刚刚讲的这个知识点，我没有听明白，有点跟不上，而且是全英文。您能不能再把它给我们详细解释一下？"

你们猜猜，当时这位老师是什么反应？他回过头来，默默地看了这名学生一眼，停顿了5秒钟，有点说不出话来。然后，就好像彻底忘了有人在向他提问，他又回过头去继续念他的PPT！提问的那位同事一脸懵，收拾起笔记本电脑，直接离开了教室。

企业内部培训师与大家都是同事关系，总要互相给点面子。即使讲得不好，听听也就算了，一般不会直接走人。但这位老师"照PPT宣科"着实有点硬塞和胡来。后来，陆陆续续也有很多同事找个理由一去不复返了。我好歹熬到午休时间才名正言顺地离开教室。

（一）真正有效的课程开发

就像刚才这个案例，很多做培训没多久的讲师会认为："课程开发不就是做个PPT，然后去讲讲。有什么难的？"结果真的上起课来，备课没备好，经验也不够，知识点也不知道怎么讲解，只会照本宣科，只会讲知识和理论，没有工具和方法。可想而知，这个课程成功的概率微乎其微。

做一份PPT简单，但要把PPT里的知识点和技能讲明白讲透彻，让人听得懂用得上，这才是本事！明白了课程开发的概念和重要性之后，我们就理解了，为什么那些有经验的资深讲师，想到课程开发也会深吸一口气。如果不能沉下心，用工匠精神对待课程开发，那么做出来的课程质量不好不用说，更是对企业的不负责，对学员的不负责，对自己的不负责。

（二）移动互联网时代的课程开发

这个时代被称为"移动互联网时代""新媒体时代""短视频时代"。我们发现，这个时代的听众因为注意力异常稀缺，已经变得和过去很不一样。如果你的课程没有用心设计，就没法和听众手里的手机短视频作抗争。

作为新手讲师，在起步阶段，肯定会遇上各种各样问题，课程开发自然也要讲究一个循序渐进的过程。那么，有没有什么方法，可以让大家快速上手，开发出一门好课程呢？

所谓道术兼备，方能知行合一。虽然课程开发没有我们想的那么容易，但也没有我们想的那么难。不要怕，让我们先从战略上藐视它，从战术上重视它。在学习课程开发前，我们先来了解一下课程开发的三大思维，帮助大家从底层建立课程开发的意识。

这三大思维分别是：结果导向、客户意识、更新迭代。

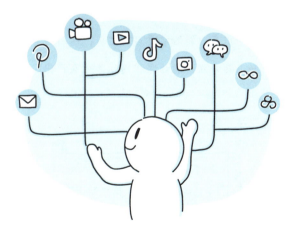

二、课程开发的三大思维

(一) 结果导向

"结果导向"，简单来说就是——

培训，一定要"有用"。

培训一定要"有用"，也就是要达成结果，能落地。任何一种有效培训，一定要有非常清晰的目标；也就是，这堂课到底要达成什么结果？作为培训师，时时刻刻要带着这样的思考去设计培训课程，才不会跑偏，不会变成无效培训。

那怎么才算是"有用"的培训呢？你可以这么问自己：

有没有一些技巧，课后能应用到实际工作中？

有没有一些知识点，能给学员启发之余，课后还能带走？

有没有一些工具方法，能让课程内容落地有产出？

好的培训，就是要——

构建知识到应用之间的脱节链条，学以致"用"，把"知识"转化为"生产力"。

明确培训目标

要做到让培训变得"有用"，首先要找到培训目标。企业培训课程中，最常见的培训目标，一般包含以下三种类型：

入职培训类

知识分享类

问题解决类

企业培训一般不太会像大学课程那样，纯粹以传播知识、扩大眼界为目的。企业培训目标需要更清晰。

就算纯知识分享类课程，你也要先思考：到底我今天是去传播一个全新知识，让不懂的人去理解，还是基于目前已有的知识来总结经验教训呢？

如果你的课程是问题解决类，那么请问，你是要解决现存问题，还是要避免将来会出现的隐患问题？目标分解得越明确，就越容易做到以结果为导向。

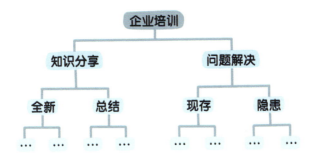

结果导向案例（1）

我再来举几个例子帮助大家理解。比如，你要给公司新员工分享某个重要业务操作流程。首先判断，这是一次**知识分享类**培训。接下来你要问自己：

今天这个业务操作流程的分享，到底要达到一个怎样具体的结果？

只是简单介绍一下业务流程就好了吗？应该不是。最好是能针对具体问题来展开。比如，很多新同事进公司后第一件事，就是要熟悉业务流程，如果一团模糊，在接下来的工作中一旦遇到某个具体环节，对于该找哪个部门哪个人，或者下一步怎么做都会毫无头绪。

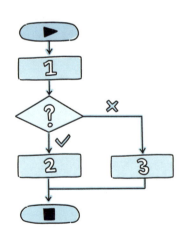

首先要帮助新人去了解流程的关键节点。这门课程的着力点，不应该只是泛泛而谈业务流程，而是要告诉他们这里有哪些会经常遇到，却容易被忽略的关键节点，并提醒大家要关注这几处地方。课程结束时，新入职员工是否掌握了关键知识点会明显展现，而这也成为本次培训成功与否的衡量指标。

最后你可以出几道简单的测试题问大家，比如："在遇到某些核心环节时，你们应该怎么做？"以帮助他们巩固认知，加深印象。有这些设置的课程就不再是泛泛而谈，而是有结果、够实用、能落地的。

结果导向案例（2）

再来举一个问题解决类培训的案例。

你要给一群初级程序员做培训，因为发现他们编写的程序有很多bug，而这个问题之前几批初级程序员也曾经历过。经过判断，这是一次问题解决型培训。那么，接下来该怎么做呢？

首先，要对发现的问题进行描述，并指出重复出错的地方在哪里，为什么老是在同一地方出现bug？解释可能的缘由。

然后，针对这个问题告诉大家，作为一个有经验的程序员，我是怎么解决的，并分享一个经过验证有效的解决方案（可以是办法或SOP等）。

最后，确认大家都能把它应用到自己具体的工作当中，降低或减除错误复发率。这就是课程要达成的结果！

用这样的方式设置课程，就是以结果为导向，以"有用"为核心目标。

（二）客户意识

2012年，我在德国蒂森克虏伯集团下属的亚太区培训学院担任高级管理培训师。当时，该学院整个就是一所内部培训机构，而我们每天的工作就是讲课，不干别的。有些老师专门负责讲专业技术类课程，我专门负责讲管理类、沟通类课程，还有一些老师负责讲PPT、时间管理等职场通用技能类课程，我们分工合作十分愉快。

我们的院长是来自新加坡的一位资深培训师。他曾经和我们说过这样一句让人印象深刻的话：**"不要以为你们是高高在上的老师，在这里，学员是客户；而我们，则是服务者。"**

培训师，竟然是服务者！这个概念太新鲜了！这让我一下子回忆起当年我在美国留学时去哈佛大学听课的一段往事。

哈佛的教授 PK 哈佛的学生

记得2003年，我去美国波士顿留学。波士顿是一所大学城，有两所举世闻名的学府，坐落在查尔斯河的北岸：一所叫哈佛大学，一所叫麻省理工。而我所在的大学，和这两所世界最牛的大学隔江相望，让人心痒痒。所以我忍不住经常去对面校园散个步，蹭个课。谁让人家是开放式校园，随便进出呢？

有一天，我去哈佛大学蹭一位知名教授的课，心里特别激动。当教授在台上滔滔不绝时，有位同学突然从座位上站了起来，指着教授正在写字的白板，大声打断他道："教授，请稍停。你刚刚讲的内容，我没有听懂。"

我听了，下巴都快掉到地上了，心里想：哇，哈佛学生也太牛

了吧！你自己没听懂，居然还好意思敢站起来挑战老师？小心下一秒黑板擦丢过来。"小明，滚出去！"

结果却出人意料。教授居然转过头，微笑看着这位学生，非常nice地说："哦，我很抱歉。（英文原话是：Oh, I am sorry！）"我惊呆了，What（什么）？教授居然和那个听不懂的学生说sorry（抱歉）？然后听到教授继续说："你没听懂，可能是我刚才没讲明白，如果其他同学也有同样的疑惑的话，请允许我把刚才这段再讲一次。"于是，教授真的把刚才的内容又讲了一遍。

学生是客户，教授是服务者

这可太颠覆我这么多年的主流价值观了！下课后，我实在忍不住，就跑去问这位教授："教授您好，我想请问一个问题。刚才上课

的时候，您还记得吗，有一位同学站起来挑战您（英文原话我说的是challenge you），您为什么要和他say sorry呢？他听不懂，难道不是他的问题吗？"

教授上下打量了我一番，问我："这位同学，你从哪里来？"我为了隐藏自己是来蹭课的，就说："oh ... I am from China.（嗯，我来自中国）"教授笑了："欢迎来自中国的同学。我来解释一下，你就明白啦。我们哈佛大学是一所私立学校；所以，教室里的学生，就是我的客户呀！他们交了学费给我发工资，那我就是服务者啊，服务好客户，自然就是我的本职工作啊。学生听不懂，肯定是我没教好呀！"

教授的话，让我大为震撼，也深深影响了日后我对培训师这个角色的看法。

学生是客户，教授是服务者。那培训也一样；学员是客户，培训师就是服务者。你要时刻关注客户的感受和体验，提供一门最好的课程。

当好服务者

2011年，我们SEED（亚太培训学院）承担着整个蒂森克虏伯集团在亚太区的培训工作。只要公司在亚太区域内任何一个城市的任何一家分公司有任何培训需要，我们这些老师就会拉着箱子出发，前往当地给同事们，也就是我们的"客户"，提供培训服务。

既然成为服务者，我们的身份就有别于传统意义上的老师。台下那些来自全国各地分公司的学员，无论他们是分公司经理，还是维修工人，都是你的客户。他们可能有一定年纪，也可能是00后；可能是经验丰富的管理者，也可能是职场小白。而你的工作是让他们学有所获，并能在工作中运用。这就是你需要提供的优质服务！

如果没有客户意识，培训师便容易陷入"知识的诅咒"，忘记学员要的是什么，一味认为"我讲的都很重要"，所以"你一定要听"。在这个注意力极度稀缺的时代，讲师们一定要避免迷失在知识的海洋里无法自拔。

知识的"按摩师"

我一直认为，培训师和按摩师有很多相似的地方。

因为我长期对着电脑做PPT，背部很容易酸痛，不得不经常去按摩，如果一个月不按摩，整个背就动弹不得。然而，并不是每次按摩都能舒缓痛楚，因为这取决于能否找到合适的按摩师。

我背上的痛点隐藏得比较深，而优秀的按摩技师总能轻而易举找到我的"痛点"，瞬间就把我制住了。但如果我遇到一位专业技能

能找到顾客"背上痛点"的按摩师，
才能带给顾客一场"背痛的舒缓"。

能找到学员"知识痛点"的培训师，
才能带给学员一场"知识的按摩"。

不太娴熟的按摩技师，接下来的按摩过程就会很痛苦。痛点一直在那，但按摩师却总是找不到，我就会很煎熬。

所以说，培训师有点像是一位知识的"按摩师"，要去找到客户的"知识痛点"。

如何找到"知识痛点"？

培训师如何像按摩师一样，找到学员的"知识痛点"呢？很简单，思考以下几个问题：

我的学员是谁？

他们为什么要来听我讲这节课？

他们到底想要听什么？

他们把时间给了我，我又能为他们带来什么价值？

我提供的内容，是否值得他们花时间来听？

听完之后，他们真的有收获吗？

带着以上这些疑问去开发课程，我相信你一定会更有思路。因为很多学员可能是因为公司安排不得不来听课，千万不要想当然地认为，凡是你讲的内容对他们都很重要。一定要从他们的角度去思考他们可能有的痛点，并以客户意识为导向，以听众需求为核心，依据听众需求、应用场景的变化来设计课程内容，这才能真正帮到学员！

（三）更新迭代

培训界的权威机构——美国人才发展协会（以下简称为ATD），针对课程开发，曾经给出过一组统计数据：

1个小时的培训课程，需要花费的开发时间，平均最快需要43个小时，而最慢则需要185个小时！

我们来做个简单的计算。按最快的开发时间来算，也就是假设1小时的内容，最快也需要43小时来开发，那么一天8小时的课程，最少需要344个小时来开发，2天的课程就要至少花688个小时。如果按照你1天工作8小时来算，那么2天的课程，要花掉你86个工作日的时间来开发，按照一个月有21天的工作日来算，就需要整整4个月！

依据ATD的统计来推算，要开发1门2天的线下课程，至少需要4个月！这还是根据最短时间来计算的，听上去是不是特别让人震惊？

1小时课程开发最少
≈43小时

2天课程开发
最少≈688小时

≈86天
≈4个月

1天课程开发
最少≈344小时

开发思路要敏捷

从传统教学角度来说，ATD 没有错，因为要开发一个优秀的课程，本身就应该是高要求的。

而且，你不仅要开发出内容，还要开发出教学方法。就是说，一方面你要考虑到课程的内容部分，另一方面，你还要去做课程的环节设计，也就是跟学员的互动、小组的讨论、游戏环节、问卷调研、案例分析等元素。内容丰富，环节复杂，当然需要花很长时间，用工匠精神才能做出精品课程。

然而，我们已经进入了移动互联网时代和知识付费时代。我们发现，这个时代对讲师的要求，完全不一样了。绝对不可能再有这么长的周期去开发一门课程！

以前 3 ~ 4 个月才出一门课，现在可能只有 1 个月时间，甚至 1 周时间，有时候 1 天时间，就要开发好一门课。

如果你不能跟上时代节奏，快速敏捷开发出一门课，也许 4 个月后，你谈的技术已经过时，你的知识已经老旧，还有更优秀的人已经捷足先登。无论是人才还是知识，都是小步快跑。

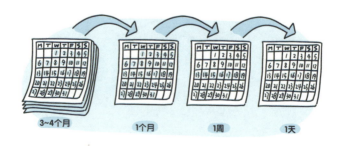

快速开发，持续迭代

基于现在的时代背景，快速开发，持续更新迭代变得尤其重要。

其实课程开发就像造房子。作为一名新手，一开始你并没有设计和建造一栋高楼大厦的本事，那你就不要急，一口气吃不成胖子。你先想，我能不能先设计建造一个小平层、小房子、小别墅，等以后能力上去了，再去设计建造高楼大厦也不迟。

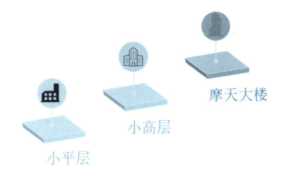

摩天大楼

小高层

小平层

我们常说，罗马不是一日建成的。一个好的课程也不是一蹴而就的，而是通过不断更新迭代来改进的。我希望你能根据自己的节奏来，比如，可以先从一个20分钟的微课开发开始，慢慢迭代，逐渐加码。

从一个20分钟分享开始

十多年前，我刚开始在企业内做讲师，也没有一下子就从两天的课程开始，而是从一个20分钟的分享开始。

2007年，我加入了头马（Toastmasters）国际演讲会。因为自己努力，再加上机缘巧合，获得2009年全国演讲冠军，并代表中国去美国参加了世界演讲大赛。虽然最后还是被其他国家的高手打败，对我来说这已是一次无与伦比的经历。很多人也因此认识我，认可我的演讲技巧，希望我能教教他们如何做好演讲，或者更好地与人沟通。

于是，我就设计了一个20分钟的分享课，去各个俱乐部分享。每次分享都悉心接收大家的反馈，累积3～4次后，我又迭代升级，把20分钟内容变成了40分钟，再变成2小时。后来，我在公司利用每周五下午时间，跟大家讲两三个小时，连续讲了很多天，内容整合起来，就变成一个更丰富的授课，组合成一整天的培训。就这样不断累加，最后才形成了我的两天标准演讲课程。

所以，先从"小平房"开始慢慢变成"小高层"，再变成摩天大楼，它是一个迭代、循序渐进的过程。

你不要着急一下子开发一门完美的课程，可以先从20分钟的分享或者微课做起，未来可以把20分钟的微课，变成一个1～2小时的课程，然后再慢慢变成半天，甚至一天、两天的课程。

先完成，再完美

在移动互联网时代，迭代思维是一位培训师的基本素养，保障课程内容能够与时俱进。做课程开发和设计既不能过度追求完美，也不能抱着一劳永逸的想法。

真正优秀的资深讲师都是在长期实践中不断迭代，不断摸索，再完善自己的课程。到今天，我做培训师也已经有十多年了，每年要上超过100天的课，就算每次课程都是同一主题，我还是会根据新学员的具体需求去打磨和调整，不断迭代。

课程开发无小事，新手培训师不要怕课程开发难，其实只要遵循一个循序渐进、不断迭代的原则，你可以很快上手，不断精进。从踏上培训师这条路开始，迭代思维就应该伴随着每位优秀培训师的整个职业生涯。

三大思维总结

让我们一起来总结一下，好的培训课程基于以下三大思维来进行开发：

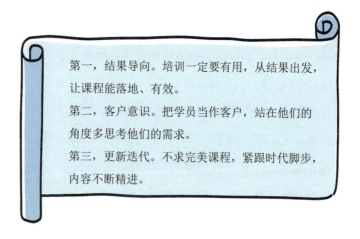

第一，结果导向。培训一定要有用，从结果出发，让课程能落地、有效。

第二，客户意识。把学员当作客户，站在他们的角度多思考他们的需求。

第三，更新迭代。不求完美课程，紧跟时代脚步，内容不断精进。

以上就是课程开发思维，希望能帮助大家打好基础，树立最基本的课程开发理念，成为一名优秀的课程开发者。

三、敏捷开发地图

传统课程开发和移动互联网时代的课程开发，最显著的一个区别是课程开发的时效性。能否快速开发出一门对学员有用的课程，对培训师来说既是实力的考验，也是当今培训行业的核心竞争力。

如何快速做好内容设计，搭建一个课程框架和逻辑呢？为大家介绍一种快速开发课程的工具——敏捷开发地图。

地图的模型如下图所示。

Cover 封面页			
Opening 开场导入	Self-intro 自我介绍	Topic-intro 课题引导	**Goal 课程目标**	**Contents 课程目录**
Part 1 模块1	1.1	1.2	1.3	Summary 1 模块小结1
Part 2 模块2	2.1	2.2	2.3	Summary 2 模块小结2
Part 3 模块3	3.1	3.2	3.3	Summary 3 模块小结3
Closing 总结收尾	Recap 课程回顾	Goal 确认目标	Action Plan 行动计划	Quote 金句结尾

地图说明

敏捷开发地图一共分为四大部分：

首先是主题封面页。

也就是培训课程的标题。

第二部分是开场导入。

Cover 封面页

Opening 开场导入	Self-intro 自我介绍	Topic-intro 课题引导	Goal 课程目标	Contents 课程目录

在正式讲解课程内容前一般需要进行四步操作：

先作自我介绍，让大家知道今天培训的主讲人是谁。接下来"课题引导"对今天的培训内容做一个破冰或者引导，引起大家的兴趣和关注。然后是"课程目标"，介绍本课程要实现怎样的目标和结果。最后是"课程目录"，即列出今天要讲的内容模块和列表。

Part 1 模块1	1.1	1.2	1.3	Summary 1 模块小结1
Part 2 模块2	2.1	2.2	2.3	Summary 2 模块小结2
Part 3 模块3	3.1	3.2	3.3	Summary 3 模块小结3

第三部分是内容模块。

一般我会建议依据主题，设置3个模块。或者将课程内容分成3

个部分，再延展出具体细节，分别作模块小结。等会我还会具体展开来讲这部分。

第四部分是总结收尾。

在这一部分，我们对课程内容进行整体回顾，确认学员本次参训目标已达成，再依据培训内容布置课后行动计划，或者课后练习。最后，留一句引发思考的金句作为结尾，让课程升华。

（一）封面页

首先是封面页。封面页也就是本次培训课程的主题页。一般包括四个基本元素：课程标题、主讲人姓名、所属部门和培训日期。

当然，这是一般培训课程封面页的基本设计方式，不是硬性配备。如果公司内部有特殊要求和规定，可以适当调整。

封面页相对来说比较简单。在这里提醒一下大家，你的课程标题（课程名字）要简单明了、重点突出，不要用语意模糊的标题。

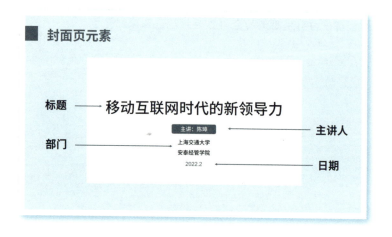

比如，领导力类型的通用课程，最好要把你今天课程核心的亮点在标题（中）展现出来。大家看上面这张图，这是一门谈领导力技巧的课程，但是标题非常明确细致——《移动互联网时代的新领导力》。核心关键词有"移动互联网时代""新""领导力"等，亮点突出，这样的题目就会吸引学员。

(二) 开场导入

Opening 开场导入	Self-intro 自我介绍	Topic-intro 课题引导	Goal 课程目标	Contents 课程目录

自我介绍页

可能会有人说，企业内训，大家都认识我，就不用自我介绍了吧?

真的想多了! 公司内很多同事仅有过一面之缘，连名字都可能不记得，更不用说了解对方了。

记得当年我还是职场新人，经常会去参加来自不同部门老同事的培训课。上课时，老师们最喜欢的开场白就是:"大家都认识我吧;我就不介绍自己了。我们直接开始吧!"我真想说，我真不认识你啊! 你到底是谁，哪根葱呢? 可我又不好意思问。

可见，即使是见过面的同事，也不一定谈得上"认识"，最多照过面，知道对方的名字而已。谁又真的认识谁呢?

因此，自我介绍非常必要，主要有三个作用。

自我介绍的作用

1. 破冰，拉近学员距离

老师可以通过介绍自己进行暖场，产生一定亲和力，让学员慢慢进入学习状态，而不是直奔主题，显得突兀生硬。

2. 认识—了解—链接

自我介绍时，也许能碰上自己的老乡/校友/同道中人等，能让你和学员从认识到了解，再到链接，成为朋友。

3. 树立权威，建立信任

通过背景介绍，大家就能知道你是某个领域的专家，或者某个项目的负责人，或者某个技术的领军人，学员会更相信你的权威，对你接下来要讲的内容也会产生更多信任感，更愿意去听你讲。

自我介绍的元素

XXX (姓名)

- XXXX工程师
- 华中科技大学毕业
- 汽车行业从业19年，车灯研发16年
- 江苏足协注册足球裁判员和业余球员

XXX (姓名)

- XXXXXX工程经理
- 某某工作16年
- 爱好：徒步旅行，去年1300km
- 自评：坚强且坎坷

XXX (姓名)

- XXXXXXXXXXXXX经理
- 17年XX汽车工作经验
- 3年XX美国总部工作经历
- 瑜伽运动爱好者

自我介绍页举例

虽然说我的培训师个人介绍样本会特殊一点，但也给大家参考一下。自我介绍时，我会大致列出我的**专业经验**，比如，我是商学院MBA课程老师，我是CEO顾问，我是TEDx策展人，表明我在培训师领域的专业性和权威性；同时，我还会列出**背景经历**。比如，以前在蒂森克虏伯集团和英特尔公司就职过，在硅谷工作过，在美国做过讲师，本科和研究生都是上海交大毕业，证明了我的经验和资历丰富。

其实，你的学员真的很希望能多了解你，帮助他们判断这个老师的课值不值得听下去。所以在自我介绍时，除了姓名，最好讲一下自己的部门、职位，甚至是最近的工作成绩、个人爱好和习惯等。

我在自我介绍中，还会提到我的兴趣爱好，如喜欢打羽毛球、喜欢旅游，和大家拉近距离。这个环节起到了很好的破冰效果，场子也容易暖起来，下次你也可以试试！

课题引导页

开场导入的第二部分是**课题引导**。为什么要做课题引导呢?

在企业中,很多学员可能是被领导要求过来听课的,如果你一开始没有去挖掘他们的想法和痛点,没有让他们意识到他们为什么要学习这门课程,他们可能就不会认真听课了。这就是失败的课题引导。

如果在课题引导部分,你可以讲出学员们的痛点,让他们意识到这门课为他们工作所能带来的实效和帮助,引起他们的关注和兴趣,他们才会怀有"空杯"心态,来听你讲课,也会更积极参与课堂互动。

如何做好"课题引导"呢? 分享给大家四种方法,分别是塑场景、谈好处、谈坏处、举案例。

第一种，叫做塑场景。曾有一名学员讲过这样一个主题，叫《智临其境——让实习别具风情》。这跟一所医院有关，她想通过宣讲培训推广普及一套VR虚拟手术实习设备。于是，她在开场就给大家塑造了一个场景：

来，我们想象一下。今天你就要上手术台做第一台手术了，你站在手术台前，手里拿着手术刀，你发现手术刀在抖，你意识到虽然努力控制自己但还是非常紧张，豆大的汗珠咕噜咕噜滚下来。但是，没办法，总归要有第一次，你双眼一闭，对着患者"噗嗤"一刀捅了下去。

不知不觉手术做完了，衣服都湿透了，你也不太确定手术是否成功。当你直起腰抬起头把眼镜摘下那一刻，你长舒了一口气。原来你带了一个VR眼镜，这只是一次虚拟实习手术。

这就是我今天想给大家介绍的，叫作智临其境的一套VR手术实习设备。让你可以在技术不太成熟的情况下就走上真正的手术台，

先练就好身手，避免造成不必要的手术风险。接下来，我们就来聊聊这个系统。

学员们听完讲述，仿佛被带入那个手术场景，也感受到VR设备的神奇，

自然也就对这个设备产生了解的兴趣，这个宣讲培训也就达到了宣传目的。

第二种，谈好处。在我的《商务演讲技巧》企业内训课上，开场自我介绍完毕后，我都会引导大家谈这个话题：为什么要学习演讲？学习演讲有什么好处？然后跟大家分析学习演讲技巧对于职场中人的个人价值和企业价值。

第三种，谈坏处。我也会反向谈，没有学习演讲技巧的职场人士，可能遇到哪些不良后果呢？接下来我就分析，可能做不好工作汇报，导致错过了升职加薪的机会；可能讲不好销售展示，丢失了重要的客户单子；可能跨部门沟通协调不好，于是项目进展迟迟推不动。围绕课程主题谈好处和坏处，其实就是摊开讲，为什么要来听这个课？听了有啥用？不听可能会错过什么？只有在课题引导环节去触碰学员的"痛点"和"痒点"，才能勾起他们听课的兴趣。

第四种，举案例。在我的"高管表达影响力"企业内训课上，为了说服高管们要好好听我的课，我肯定要举一些level跟他们差不多的案例，来说服他们好好听课。一般就是活跃在荧屏前的各位CEO们，比如乔布斯、库克、埃隆·马斯克等，他们的发布会演讲案例，是如何成功塑造企业品牌，传播企业文化，捕获粉丝们的心。

成功案例肯定是最打动人的，能够引导学员看到他们努力的方向，有个盼头，也就有了学习动力。

课题引导的形式

刚刚我们讲了课题引导的方法，那么课题引导的形式都有哪些呢？这里分享四种常用的：提问、视频、图片、故事。

第一种形式：提问。这是我最常用的方式。我会问大家一系列问题作为课题引导，比如，学演讲有什么样的好处？你喜欢的演讲大咖是谁？厉害的演讲者都具备什么样的能力？通过小组讨论、举手发言、头脑风暴，三言两语，课堂气氛就起来了，同时大家也找到了学习的内在动机。

第二种形式：视频。美国前总统奥巴马的演讲能力有目共睹，我一般会用他的演讲视频来做课题引导，让大家看完视频去讨论总结。选择合适的视频，引导学员进入课程主题。

第三种形式：图片。我们团队有位老师在讲"敏捷课程开发"时用了苏炳添的图片，他在东京奥运会破亚洲纪录，成为第一个闯入世界百米决赛的中国人。这位老师用了苏炳添的案例引出

"快"这个主题，告诉培训师要快速开发课程才符合时代需求，这样就跟主题结合起来了。

第四种形式：故事。讲故事可以很好地吸引注意力，激发思考和讨论，激发学员思考自己的需求和课程的痛点，后面的课程也就容易往下开展了。

课程目标页

课程目标页举例

第一，**明确收获**。学员来上课可能是觉得有兴趣，但他们脑海中很可能有个疑问："我花了一天时间来上这个课，能得到什么？"这个时候就非常有必要在课程目标页明确地让大家知道学习这门课后会有怎样的改变和提升。

第二，**培训效果可验证**。开场抛出目标，结束确认目标是否达成，就可以验证课程有效性。否则怎么判断课程是否有效呢？很可能培训结束后，老板问学员："这次培训学到了什么？"学员支支吾吾，说不清学得了什么。但是，如果有目标和最后确认的闭环，他就很明确自己收获了什么。

第三，**避免误差**。有的学员可能开始时对课程是有期待的。比如我有一门课是"职场如何高效沟通"。有的学员是冲着学习沟通来的，但上完课不可能第二天就变得很会沟通。所以我会申明：今天的课可以帮你了解倾听的四个步骤。目标设置对学习效果有一个限定，并消除学员不切实际的期待。

描述目标的方式

目标的描述方式一般是这样：

提高了什么，掌握了什么，学会了什么。而且，目标的数量控制在 2 ～ 3 个为佳。一堂课如果要实现的目标太多，实际往往实现不了。大家想想，目标一多，是不是像无头苍蝇，到处乱撞，最后可能什么目标也达不成。

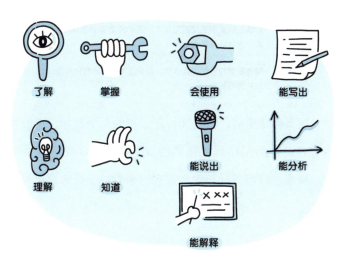

课程目标常用词

课程目录页

课程目标和课程目录经常容易混淆。我们先来理清一下目标和目录差别在哪里。简单来说，目标就是本次课程要达成的结果/成果/效果，而目录则是实际讲授的内容模块。

以我给企业高管们培训"媒体访谈技巧"的课程为例——

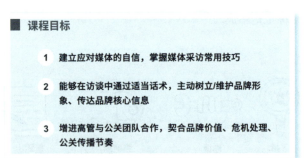

以上是课程结束后，我们期待能实现的三个目标。它们并不是课程内容本身，而是课程要达到的效果，也可以理解为是课程的"疗效"。那么，课程目录该怎么写呢？来看一下我的课程目录，有这三个模块——

这三个部分才是课程中讲授的实际内容模块。

目录的结构设计

目录的结构，往往是三点论。课程目录，其实也就是培训课程模块，即一堂培训课打算分几个部分，从几个方面去培训。一般的企业内训课程，大多数可能是一个20～30分钟的分享或者1～2小时，甚至长至1～2天的培训。无论时长，建议目录设置为三点论结构。

为什么不是一两个点或者四五个点？这要结合培训时长和培训效果。刚刚我们提到初期的企业内训课程，大多在20分钟到3小时，想在这么短的时间内讲清楚一个主题，让学员有收获，就不能设置太多内容。否则，就变成单纯讲PPT，不是解决问题了。

从内容角度来说，一两点会显得单薄，问题讲不透彻；四五点则内容冗长繁琐，很难留下深刻印象；而三点则最容易让人记住，同时又显得思路清晰、条理分明。当然，不是说四点就一定不如三点，而是要根据实际情况，尽量把知识模块浓缩到3～4个模块，这样就最合适。

最后，一起来回顾一下开场导入的四个元素。

（1）自我介绍：让学员了解你是谁，建立信任。

（2）课题引导：打开学员意识，挖掘痛点和需求点，将学员状态逐步带入课程中。

（3）课程目标：了解参训后收获的成果。

（4）课程目录：让学员了解今天的培训分为哪几个模块。

开场导入完整案例

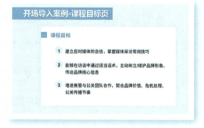

(三) 内容模块

内容模块主要分成两大块：主结构和子内容。

主结构就是课程内容的主体架构，就像盖房子，要先用钢筋水泥建构房子骨架。而子内容呢？就是课程具体内容，包含理论知识、案例、工具等，就像房子搭好后要往里面添置家具家居等用品。所以，在内容模块这个部分，我们既要掌握如何设计课程架构，也要知道如何填充课程的具体内容。

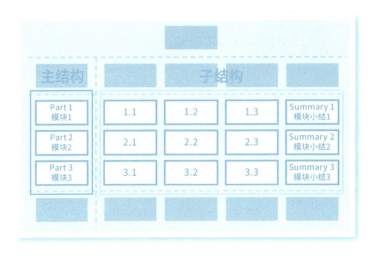

主结构的搭建

课程的主结构，也就是模块123，该如何设计搭建呢？给大家推荐四种常用结构，分别是WWH、PSP、PMA和并列结构：

WWH	• 为什么，是什么，怎么做
PSP	• 问题，方案，实操
PMA	• 原理，方法，应用
并列	• 并列在一起，ABC

当然，不是每个课程都能刚好凑成三个部分；有时候，可能真的你会有四个模块，或两个模块要讲。也没关系！既然我建议三个模块为最佳，接下来我们也以三个模块结构为例，请你跟我们一起，尝试搭建三点结构。

WWH结构案例

我们先来看WWH结构，也就是why-what-how。它的应用场景可以是知识分享、主题分享、技能培训等。

PSP结构案例

接下来看看PSP结构。Problem，提出问题；Solution，解决方案；Practice，实操演练。特别适合哪些课程设计呢？比如：项目规划、领导力类、技术培训等。

PMA结构案例

PMA结构是Principle，Methods，Application，也即：原理，方法，应用，可以用在技术培训、知识分享等。

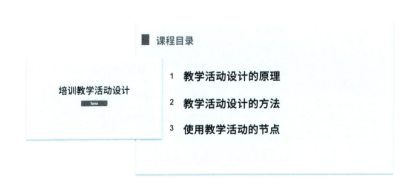

ABC并列结构案例

当你发现前面三种结构好像都没办法帮助你构建理想的课程结构目录时，那也许你的课程所要传达的知识点、技能或信息在重要性上几乎相等。那么，你可以使用并列结构。其应用场景包括技能培训，新员工培训，公司部门介绍等。

举个例子。我有一门课程，叫作"商务演讲技能培训"，里面三个知识点的重要性都不分伯仲。于是，我就用并列结构，把它们都罗列出来：内容设计，舞台呈现，现场互动。三个知识点都很重要，那就并列在一起，作为我的课程结构。

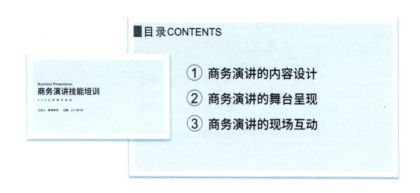

子模块的结构搭建

其实，子模块的结构和主模块一样都可以使用这四种常用结构。

当我们研究子模块结构时，可快速分析两个非常简单易理解的案例。

案例一：我的"媒体访谈技巧"课程。三个主模块的第二个部分是媒体访谈技巧，分成四个子模块：掌握访谈常用措词和话术；理解人设和品牌形象；主动掌控访谈节奏；如何应对尖锐问题。

它们四个就是并列结构。

由于主模块和子模块构建的方式类似，所以，可以让两个模块联动起来。

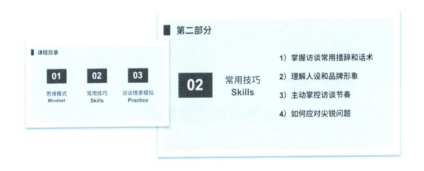

主模块和子模块联动案例（1）

课程子模块的展开，其实跟主模块也一样，可以用到以上提到的结构。以我的"商务演讲技能培训"为例，主模块用并列式，分为"内容设计""舞台呈现""现场互动"，子模块则分别用WWH、PSP、PMA结构来展开：

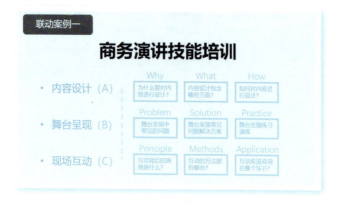

子模块对应的具体内容展开如下——

主模块和子模块联动案例（2）

子模块结构也可以重新匹配，比如各个结构都换个位置——

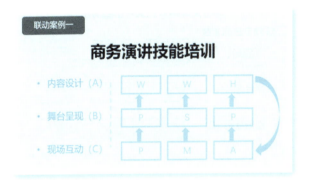

重新匹配后的新结构如下——

然后再分别填入内容——

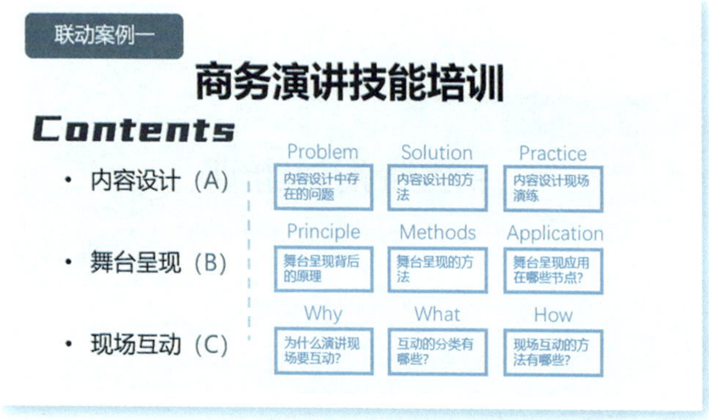
联动案例一
商务演讲技能培训
Contents
• 内容设计（A）
• 舞台呈现（B）
• 现场互动（C）
Problem
内容设计中存在的问题
Solution
内容设计的方法
Practice
内容设计现场演练
Principle
舞台呈现背后的原理
Methods
舞台呈现的方法
Application
舞台呈现应用在哪些节点?
Why
为什么演讲现场要互动?
What
互动的分类有哪些?
How
现场互动的方法有哪些?

主模块和子模块联动案例（3）

我们再以"向上管理"课程为例，来设置主模块和子模块。比如，主模块用WWH，子模块用并列结构——

更换主模块结构为PSP，重新匹配子模块结构——

子模块的内容填充（1）

子模块内容如何填充呢？根据我以往的经验，可以填入知识点。包括：

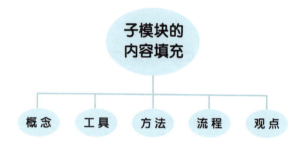

1. 概念

概念是指人们在认识过程中，从感性认识上升到理性认识，把所感知事物的共同本质特点抽象出来，加以概括，形成概念式思维惯性。

作为培训师，在培训课程中需要加入一些概念，才能让学员在认知上有新的收获。比如，我经常会提到MOT这个概念。

"关键时刻"是1980年北欧航空总裁卡尔森提出的一个概念，英文缩写叫作MOT，也就是Moment of Truth。卡尔森先生当时是这样解释MOT这个概念的："我们北欧航空公司每年会搭载1 000万名乘客。每位乘客平均会接触到5位我们的员工，平均每次接触时间只有15秒，而这15秒钟非常关键，这5 000万次的15秒钟接触，决定了公司未来的成败。"这就是关键时刻MOT的由来。

子模块的内容填充（2）

2. 工具/方法

工具/方法指的是在大量培训实践中总结出来的一个套路，学员们可以快速上手，拿来就用。不同客户/学员有不同需求，有的就特别希望讲师能够给到各式各样工具和方法，让他们感觉干货满满。

以我的课程为例，在这本书里，我介绍了很多的工具/方法，比如本章的"敏捷开发地图"就是一个极为高效的工具，通过地图填写的方法，就可以快速开发出自己的第一版课程。

又比如，我的"商务演讲技巧"课程提供了一个重要的即兴演讲工具。

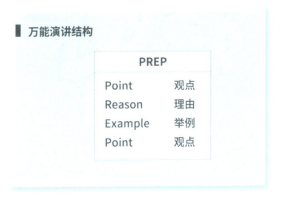

加入工具/方法，才可以让你的课程显得"有料"，而不是空讲一堆大道理。如果是自己研发的工具/方法就最优；如果是借鉴书里或者其他老师的工具/方法，一定要注明出处，避免版权纠纷。

子模块的内容填充（3）

3. 流程

流程最基本的意思就是水流路程。想象一下，水在流，它每到一处一定是一个都不会落下。

培训中你也可以利用流程来讲解复杂的知识点，并让学员按照流程实操。

比如，我的"跨部门沟通"课程，一般都会讲到沟通四部曲：倾听/共情/提问/阐明。

这是我自己研发出来的沟通流程，也是被实践检验过的流程。所以，我会以此为基础展开具体讲解。

又比如，在本书第一章，我就用了"培训师认知六步法"来展开：下定义—找初心—树愿景—寻使命—建目标—定方向。

子模块的内容填充（4）

4.观点

我在"高管影响力"课堂上，经常提出一些我的个人观点。

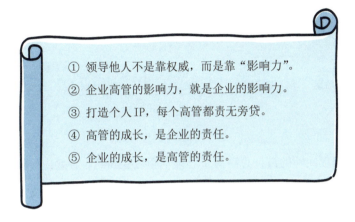

① 领导他人不是靠权威，而是靠"影响力"。

② 企业高管的影响力，就是企业的影响力。

③ 打造个人IP，每个高管都责无旁贷。

④ 高管的成长，是企业的责任。

⑤ 企业的成长，是高管的责任。

这些观点，是我在企业多年授课的经验总结。作为培训师，你需要有自己鲜明的观点。让学员看到一个立体的、有血有肉、有自己思想的老师，而不是扁平化、没有任何特色的老师。

（四）总结收尾

培训的总结收尾和开场导入一样重要。通过四个步骤：课程回顾，确认目标，行动计划，金句结尾，我们可以总结本次课程的主要内容，引导大家进行课后演练，并传递价值观点。

四个步骤我们依次来讲解一下。

Closing 总结收尾	Recap 课程回顾	Goal 确认目标	Action Plan 行动计划	Quote 金句结尾

课程回顾页

课程回顾的设计思路源于心理学领域提到的一种效应，叫作近因效应。据心理学家的实验证明，在有两个或两个以上意义不同的刺激物依次出现的场合，印象形成的决定因素是后来新出现的刺激物。受移动互联网影响，成年人学习更加短促化，更倾向于认知结构简单的事物。所以，在课程收尾时，要将课程核心内容重新提出来以加深大家的印象。

给大家一个课程回顾公式：课程目录＋核心要点。比如，我的"媒体访谈技巧"课程，回顾的时候，我们就可以用目录＋核心要点的方法，再次展示（用1页或2页均可），加深印象。

Recap｜总结回顾

悬架架构原理

1,悬架系统是怎样运动的？2,悬架系统构件的概念原型 3,悬架系统的概念架构

常见汽车悬架结构形式

2,麦弗逊式悬架架构,2,长短臂悬架架构; 3, SLA 的衍生架构 5连杆; 4, SLA 的衍生架构 Tie-blade SLA

悬架系统主要目标参数

3,悬架的静态设计参数;2,悬架的准静态设计 – 运动特性;3,悬架的准静态设计 – 顺从特性

课程回顾页举例

确认目标页

结尾时可以再次展示课程目标，帮助大家回顾课程内容，也看看今天是否基本达成目标。这样，我们的课程就是有效有用，可带走，并且能真的帮助大家。

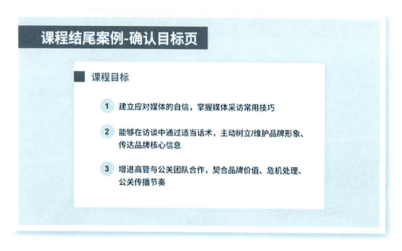

行动计划页

我们常说：一场培训课程是否有用，要从培训结束后学员的实际应用情况来看。行动计划可有两种形式：知识型培训可以适当地布置一些书面作业，让学员上交，考验他们掌握知识点的程度；而技能型操作型培训则可安排他们课后操练。学员可自行找时间实战演练，这样就会让课程更落地，更实战，更有效。

举个例子。比如，知识萃取课程的课后作业就是让学员用课上教的思维导图方法，建立知识图谱，上交项目负责人。

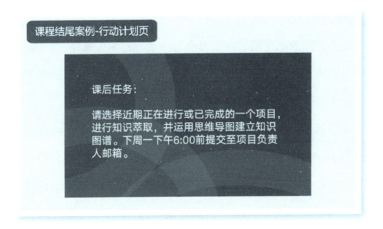

我曾给某企业高管上过一堂executive presence（高管影响力）课程。我的课后作业是一个月的提升演练计划，需要学员自行设计完成。

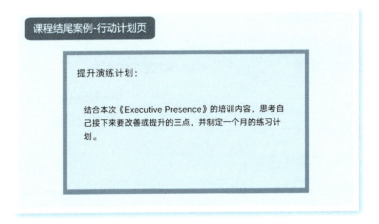

金句结尾页

很多讲师的结尾最后一页都会写一句"谢谢大家""感谢聆听"，其实没有意义。已经到最后一页PPT了，我们到底要怎么做才能有一个完美收尾呢？用金句就可以！

我们都说，写文章要凤头猪肚豹尾，开场要凤头，漂亮，吸引注意力；中间要猪肚，有干货，实在；最后要豹尾，有力量！一句金句就可以起到豹尾的作用，既能传递价值观点，引发学员最后的思考，还能打动人心。而"谢谢大家""感谢聆听"，都没有力量，也是无效信息。

如何选择金句呢？可以借鉴唐诗宋词，名人名言，也可以使用网络流行语，等等。我个人比较喜欢用自己写的一句话或者是一句祝愿送给大家，但它需要基于三条原则：符合课程主题，代表个人价值，完整的陈述句。

课程结尾案例-金句页	课程结尾案例-金句页
改变别人，不如先改变自己。	在移动互联网时代， **做个20后**

"敏捷开发地图"总结

我们来回顾一下这一部分的四个元素——

* 课程回顾：加深对核心内容的印象
* 确认目标：是否达成结果，是否有收获
* 行动计划：给学员布置课后任务
* 金句结尾：传递观点／引发思考／打动人心

整个敏捷开发地图终于讲解完毕。按照这样的轨迹来设计操作，一门课程就基本呼之欲出了。让我们再回到地图本身。为什么叫作"敏捷开发地图"，敏捷在哪里呢？相信细心的读者已经发现了。

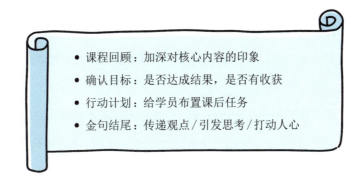

	Cover 封面页			
Opening 开场导入	Self-intro 自我介绍	Topic-intro 课题引导	Goal 课程目标	Contents 课程目录
Part 1 模块1	1.1	1.2	1.3	Summary 1 模块小结1
Part 2 模块2	2.1	2.2	2.3	Summary 2 模块小结2
Part 3 模块3	3.1	3.2	3.3	Summary 3 模块小结3
Closing 总结收尾	Recap 课程回顾	Goal 确认目标	Action Plan 行动计划	Quote 金句结尾

传统的课程开发，会经历主题设定、学员分析、大纲制作，再到内容框架、PPT制作等流程。而敏捷开发法，将主题、结构、内容到最后呈现都融合在同一张地图上。从封面页、个人介绍、课程引导、目标页、目录页，再到主模块页、子模块页，再到总结回顾、结尾页等，每完成一个元素，就相当于课程的PPT几乎也就同步完成了。

当我们按照地图流程进行课程开发并掌握了各个模块元素的制作方式，PPT的主要框架结构基本已经完成。剩下的就是对子模块内容的充实，对PPT的进一步美化，是不是效率非常之高？读完这个章节，让我们赶紧操练起来吧！马上动手，按照敏捷开发地图，开发自己的内容，做出基本框架PPT！

第三章

授课技巧篇

没有差老师，
只有懒老师。

培训师的挑战

在第二章中，我们学习了如何快速开发课程内容，接下来就要正式开始上台讲课了。这时候，培训师又会遇到什么挑战，又该如何去应对呢？先给大家分享一个案例。

几年前，我在一次企业课程的课前调研问卷里，发现有学员写了这么一段话——

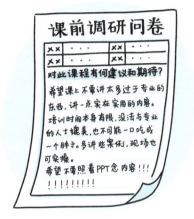

关键是最后一句——12个感叹号。学员是受到过哪位老师照本宣读后的大伤害啊！

确实，企业培训经常会遇到这种老师：课程内容很丰富，干货满满，专业知识也很扎实，偏偏上课时，他要么照着PPT念，要么不看学员，只管自己讲。遇到这样的老师，学员什么也听不进去。

这种情况很可能出于以下两个原因：

一是，过度关注自己，忽略学员。老师讲课比较容易自我陶醉，结果是只关注自己和课程内容，而忽略了学员的存在。特别是线上课堂或直播，因为看不到学员，老师讲着讲着可能就会忘记自己其实是有听众的。

二是，学员注意力缺失。在移动互联网和短视频时代，学员听课能有50%关注度就已经不错了，如果老师讲得无聊，吸引不了他们的注意力，学员心思就更不在课堂上了，可能只听到你讲的20%、10%，甚至更少。

这个时代的注意力，到底有多缺失呢？

很多年前有过这样一个"成年人注意力曲线"理论，就是成年人在学习过程中坚持不了15分钟注意力就会开始涣散，老师不得不想尽办法重新吸引学员的注意力，以免他们走神。

其实，这个所谓的"15分钟注意力曲线"早已不奏效了。这几年随着移动互联网时代的快速发展，成年人的注意力被微信和短视频等切割得四分五裂，能够聚精会神在某件事上1分钟，在今天就已经很了不起了。

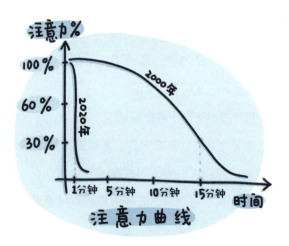

那么大家的注意力都跑到哪儿了呢？显然，当一名职场人士来到培训课堂，他不可能像学生时代那样，把心思100%放在学习上。因为，他的大脑同时还装了很多其他事情：比如，某项工作还没完成，有份报告还没写完；有一个客户电话还没打；老板交代的任务说了今天必须要交；约女友吃饭的饭店还没订好；家里孩子生病了等。

而这个时候，如果老师讲得枯燥无聊，学员们就要思绪游离了。

授课技巧"四步法"

如果你的目标只是完成一个培训任务，也就不用太在乎学员感受，怎么做都行。但我相信任何具有责任感的职场人士，都会希望自己的课能够吸引学员的关注；听了课，大家是有所收获的，那才有成就感。如果真是这样，那我们就要想办法，让自己的课具有吸引力，从主观意愿上，提升自己的授课技巧。这一章，我将从四个角度帮助你提升授课技巧，它们分别是——

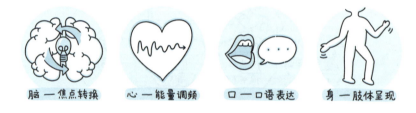

脑 — 焦点转换　　心 — 能量调频　　口 — 口语表达　　身 — 肢体呈现

这也是授课的四步法，想把课讲好，就要关注这四个角度：

第一步：脑——焦点转换（想明白）。脑，代表理性，讲课时应该关注什么，考虑什么；

第二步：心——能量调频（燃起来）。心，代表感性，讲课时如何调整心态和能量状态；

第三步：口——口语表达（讲明白）。口，代表说话，讲课时要说什么话，怎么说；

第四步：身——肢体呈现（演出来）。身，代表行为，讲课时如何利用好肢体语言。

一、焦点转换

脑 — 焦点转换

一次来自客户的投诉

给大家分享一个我职业生涯的亲身经历。

我以前是蒂森克虏伯公司亚太区的高级培训师。当时维保部的一位技术专家王师傅给我讲过一个案例：

有一次，一家客户的电梯坏了，负责的物业公司非常着急打电话让他过去维修。他去了以后很快就修好了，也没跟物业打招呼就走了。物业就打电话给他经理，问电梯到底修好了没有。

经理赶紧打电话给王师傅："我说你这是怎么回事？电梯这么久还没修好。"

他懵了，说："不会啊，我早就修好了呀！"

"你修好了怎么不和物业说一声？"

"电梯不是开动了吗？他们物业是傻的吗？我赶着去另一栋大楼修下一台电梯呢，哪还有空和他交代？"

就这样，两人都一肚子火。经理因为被客户投诉生了一肚子气，而王师傅因为明明修好却还被投诉也生了一肚子气。

这么件事情后来还升级成了公司的投诉事件，物业说我们公司的师傅没有服务意识，而王师傅又觉得特别冤："我用最快速度修好电梯，还要赶着去下一家修，结果还被投诉？我真是比窦娥还冤啊！"

类似事件在蒂森克虏伯发生过很多次，经常会有维保部工作人员跟业主物业发生冲突。公司领导也很痛苦，反复在早会、周会上对所有维修师傅进行宣导；也通过培训，给他们灌输以客户为中心的理念。但是，忙乎了大半年，收效甚微。会议和课堂上，师傅们也明白和认同，要以客户为中心，但是落实到工作，依旧我行我素，投诉只增不减。

蒂森克虏伯惊人之举

为什么面对越来越多的投诉，技术人员还是我行我素呢？原因其实非常简单：对于维保部技术人员而言，"维保"是他们的主业——对他们来说，头等大事就是修电梯，只要电梯修好了，客户的个人感受他们才不管。

怎么办？为了解决这个矛盾，公司做了一个震惊所有人的举动。

有一天维修师傅们一早到公司上班，发现自己部门的牌子一夜

之间变了！原来的"维保部"被换成了"客户服务部"，大家当即傻眼。一打听，才知道不单是自己部门名字换了，全国所有分公司的"维保部"都变成了"客户服务部"。

这一重大举措即时成为公司焦点，大家争相议论。一是改部门名称兹事体大，很多在公司工作多年的老员工也鲜有遇到；二是大家都纳闷为什么维保部门忽然变成了客户服务部。

就我个人而言，我觉得公司的这步棋实在下得太妙了！

从维修电梯到服务客户

蒂森克虏伯做的这次部门改名事件，本质上就是一次完美的"焦点转换法"运用。

以前维修师傅所在部门叫"维保部"，既然是"维保"，那么工作的核心就是"维修保养"，而"维修保养"的对象，自然是电梯，而不是人。对师傅们来说，电梯修好就算完成工作，客户满不满意，他不太在意。现在不行了！部门改成了"客户服务部"，工作核心就自然是"客户服务"，而服务对象自然不再是电梯，而是"人"！

这个改变真的太了不起了！改名不仅是改名字，更重要的是，把聚焦点从"梯"转换到"人"，从"维修电梯"转换成"服务客户"。这绝对是一次伟大的焦点转换！

从今天开始，电梯修不修好我不管（当然还是会修好的），反正你是"客户服务部"的人，那你就要让客户满意才行。随之变更的还有他们的KPI（Key Performance Indicator，关键业绩指标）指标。

以前的KPI是修理维护电梯的时效和质量，现在的KPI则以客户满意为标准。

部门名字变更之后，客诉率直线下降，因为维修师傅们追求的是"客户满意度"。修完电梯，负责师傅第一时间联系客户，请他们现场确认，没问题才离开；如果因为缺少零部件或其他原因没办法当场修好电梯，师傅会和客户好好沟通，告之原因，客户同意并满意了才离开。

蒂森克虏伯真是一家非同凡响的公司！为了让这些电梯维保人员服务好客户，竟然部门名字都敢改！这个"焦点转换法"案例给了你什么启发呢？

(一) 四个焦点差异

企业培训为什么要作焦点转换？我们往往把培训当成开会作报告，分不清它们之间的差异到底是什么。必须弄清四个差异点，否则培训肯定做不好！

培 训	开 会
- 焦点在于知识学习和收获 - 培训以分享和传递经验知识为导向。学员主动式学习，以收获新知识和技能为目标	- 焦点在于目标和结果 - 员工偏被动式接收，开会结束后要去完成一项工作或者任务

（续 表）

课 件	报 告
- 焦点在于有趣生动吸引人 - 让学员愿意听和看；图片视频案例丰富	- 焦点在于信息传达的精准 - 信息简洁明了，数据图表案例突出，不能出错
老 师	**老 板**
- 焦点在于"给"：让学员收获知识经验 - 和学员关系平等，甚至把对方当作客户以启发为主，让对方有所收获，感觉意犹未尽	- 焦点在于"要"：向员工要结果 - 上下级关系，权威感，发号施令，自上至下传递
学 员	**员 工**
- 焦点在于付出时间和精力，自我提升	- 焦点在于拿钱干活，利益交换

（二）关注学员，而非自己

由于错误地把培训当成开会作报告，很多培训师过分关注自己而忽略了听众。事实上，培训过程最重要的并非课程内容，而是学员。因为课程是讲给学员听的，不是讲给自己听的，所以培训师一定要去思考这个课程对学员有没有价值；他们学完后，会有什么收获！只有关注学员，了解他们的需求，才可以更好地完成授课。也就是说，以前的你，以讲师（自己）为中心，现在的你，以学员（你们）为中心。

从关注自己到关注学员，转换前后的心理也会有所差异：

关注自己	关注学员
我的衣服穿得好不好看？我讲课会不会卡壳？ 准备会不会不充分？ PPT有没有错误？ 学员会不会挑战我？ 我会不会忘词？ 时间会不会不够？ 是不是要加快语速？	学员怎样才能有所收获？如何让学员积极参与课程？ 如何调动学员的积极性？ 哪些内容对学员很重要，哪些又是无关紧要的？ 哪些内容要重点讲？哪些可以简单讲？

二、能量调频

心 一能量调频

点燃心中火焰

古希腊哲学家苏格拉底说："教育不是灌输，而是点燃火焰。"作为培训师，如何点燃学员心中的火焰呢？如果你自己内心没有一团火，自然就没法点燃他人心中的火焰。

很多培训师内心没有这团火。他们显得淡漠疏离，一方面可能是因为紧张，特别是一些新手，一上台就会紧张，担心自己讲不好；另一方面有些专家型培训师比较高冷，想保持权威感。

现场氛围往往一开始也比较冷。我经常看到很多参加企业培训的学员表现冷淡，他们更关注自己脑海里的各种事情，很难一开始就全情投入课堂，甚至对老师也不太留意。于是现场氛围就更冷。培训时要开场"破冰"就是这个道理，否则课就没有办法进行。培训师要破学员心中的冰，自己内心的火就先要燃烧起来。

那么，要怎样才能不但破除学员心中的冰，并且让学员的心再次燃烧呢？培训师需要做的就是进行"能量调频"，提高自己内心的能量状态。

（一）培训师"能量状态图"

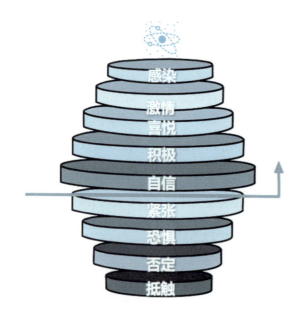

这张"能量状态图"把人的能量层级分为九层。

以蓝线为界，蓝线以上是正能量：自信、积极、喜悦、激情、感染；

蓝线以下是负能量：紧张、恐惧、否定、抵触。

蓝线以上的正能量部分，越向上越正向；蓝线以下的负能量部分，越向下越负向。

如果你的能量状态在蓝线以下，就容易进入负反馈，越来越低。

如果你的能量状态在蓝线以上，就容易进入正反馈，越来越高。

培训中的"正负反馈"

正反馈——如果你一开始就呈现出"自信",学员就会愿意听你讲,你因此而更"积极",并把自己的正向状态传递给学员,让他们与你同频共振。感受到你的

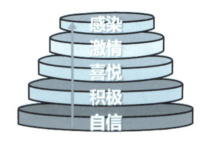

高能量场后,学员们就会更加全神贯注参与课程,更喜欢听你讲课。学员的喜欢为你带来"喜悦",怀揣这份喜悦,你就会越讲越有"激情",课堂氛围也会越来越好,学员也更主动积极,最终你的激情强烈"感染"到所有人——从而形成了能量的正反馈。

负反馈——反之,如果你一开始就表现"紧张",教室内空气也会因此凝固。然后,你会发现学员们也是冷冷的,没有反应。这时你就从"紧张"继续向下变成"恐惧"被挑战,接着又

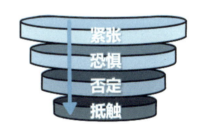

从"恐惧"继续向下变成自我"否定",觉得自己讲得真的太糟了,没人愿意听,完完全全一名loser(失败的)培训师。久而久之,"否定"继续向下变成"抵触",对培训讲课这件事越来越抗拒,甚至讨厌,不想再讲了,干脆放弃,不做培训师了——就这样进入恶性循环的负反馈。

以前大家总是说，老师是蜡烛，燃烧自己，照亮他人。而我认为，培训师不是蜡烛，而应该是太阳，先自己燃烧发热，然后用自己的高频正能量去照亮和温暖学员，点燃他们的热情和心中那团主动求知的火焰。

你要用你的"热"，去捂热学员的"冷"。怎么做呢？

"一秒变脸"的老师

前不久网上流传过一个视频，一位老师上课前的状态被监控拍到。本来这位老师因为当天的教学任务比较重，身体和精神都有些疲惫，所以视频中的他，从走廊缓步走向教室，整个人看起来都无精打采。

但是到了教室门口时，他突然停了下来，努力调整自己的状

态。先是活动了一下肩膀，挺直胸膛，扶正眼镜；接着尝试活动面部肌肉，努力作出灿烂亲和的微笑，"一秒变脸"后，才推门进了教室。

后来，有媒体采访这位老师，他谦虚地回应：因为教室里有一群孩子在盼着自己去上课，不能垂头丧气的，害怕影响孩子们的学习状态。

这位老师在进教室前做了一个完美的"能量调频"，将自己的状态从消极"抵触"，调整到"积极"与"激情"。

如同这位老师一样，你需要考虑在课堂上应该呈现出怎样的能量状态和精神面貌，才能够激发学员热情，提升他们的能量，从而让他们更积极地参与到学习这件事情当中去。

（二）不要被负能量带跑

有一次我去一家企业上课。课程刚开始，进入开场"破冰"的前半小时，我问一位学员为什么来参加今天的演讲课。他回答说："老师，不好意思我搞错了，我以为今天是一个PPT课，所以我就来了，结果来了发现是演讲，不是PPT，不过那就听听吧！"

也许有的老师听到这样的回答，会很不开心，觉得不被尊重。但我非常理解这些学员。我知道，企业培训的学员很多都是"被迫"而来——可能是被老板点名参加，可能是公司要求参加，甚至不知道是什么课就来了。

我当时并没有被负能量带跑。为了给他一个正反馈，把大家带入正能量场域，我非常开心喜悦地跟他说："太好了！我特别感谢这位同学。你走错了教室，本来不是来上这个课的，在这里听了半小时都没离开，我觉得这是你对我的肯定，这也说明你对演讲充满学习动力和激情，大家一定要给你一点掌声鼓励！"

如果老师内心觉得受伤害了，不被尊重了，老师讲课的意愿就会越来越低，课堂能量也会不断被拉低；于是学员越来越不爱听，于是老师越讲越糟糕，越讲越不想讲，甚至抵触这次授课。这就进入了负反馈，恶性循环一发不可收拾。

整个教室响起一片笑声和掌声，大家都很开心，能量场也随之上来，而这位学员也真的被我鼓励到了，慢慢和我产生同频共振，真的成为2天培训课堂中最投入的学员之一，上课全勤，不看手机，主动参与，认真听课，积极发言。

和学员同频共振

你看，无论学员是怎样冰冷的初始状态，只要你真心想去捂热学员的心，就算是"热脸"贴"冷屁股"，那又如何呢？你会发现，学员真的会被你打动，热情参与，最终让培训达到更好效果。

培训中，能量场越高，课堂氛围就会越好，越容易和学员产生同频共振，学员也会更积极主动上好你的课，带来更好的教学落地效果。

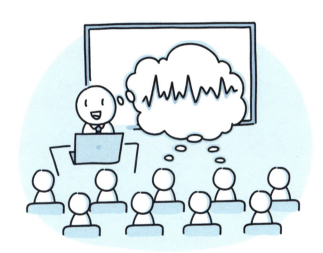

三、口语表达

口——口语表达

(一) 口语表达的三大目标

想把课讲好，培训师在口语表达方面必须具备三大目标：

第一，听得下去。

以更好的表达方式让学员愿意听、继续听，这样才不容易让人听了想打瞌睡。

第二，容易消化。

以生动的表达方式把艰涩的内容变得更容易理解，有趣而不乏味。

第三，激发思考。

激发学员进入主动思考状态，这样才能真正记得住、学得会，收获更多。

（二）口语表达的三种模式

力量和节奏感	湿润和蓬松感	参与和获得感
让人听得下去 不容易打瞌睡	容易消化吸收 不会枯燥乏味	激发思考状态 不是填鸭硬塞

要想让学员听得下去，说话就要有力量和节奏感。

要想让内容容易消化，除了讲干货，也要让语言变得"湿润"和"蓬松"。

要想激发学员思考，说的话就要能带动起对方的参与感和获得感。

1. 力量和节奏感

口语表达的常见问题如下：

（1）缺力量：如果培训师缺乏力量，就会显得气息不足、音量太小、气场微弱。培训师低弱的能量也会拉低教室能量，无法做到感染学员。

（2）缺节奏：如果培训师缺乏节奏感，就容易导致语调太平淡、语速太快、赘词过多。学员听得乏味，老师也讲得没劲；不但没有重点，且让人听得昏昏欲睡。

怎么做才能让自己的表达更有力量感和节奏感呢？

放大音量	深吸慢呼	停顿留白

第一，放大音量，铿锵有力。

说话声音小的人，会显得不自信，对讲的内容也没有把握；而说话声音大的人，显得更自信、更有底气，也更有说服力。所以，培训师在讲课时要有意识地让自己的嗓门比平时大一些，比平时更用力一些。

第二，深吸慢呼，控制节奏。

通过深吸慢呼控制说话节奏。具体做法是这样：先深深吸足一口气，然后慢慢吐气；感觉气息从嘴唇之间慢慢溜出来，越慢越好，直到把气吐干净为止。这个练习可以帮助你增加肺活量的同时，形成一种深度呼吸的意识，延长气息。

第三，停顿留白，消灭赘词。

要有意识地在讲话时作停顿，放慢语速，给语言留白，让学员能够跟上你的节奏。讲到重点时更要把节奏放慢下来，给予学员更多时间思考，对内容进行消化。另外，针对"嗯、啊、这个、那个"等语气赘词，你也可以通过停顿的方法，给大脑留白，留下足够时间组织语言。让嘴巴慢下来，和大脑同步。

赘词："思考的真空"

让我们专门来谈谈赘词（语气词）的问题。

很多老师讲课时会有无意识的赘词，也就是语气词，比如"嗯、啊、这个、那个、然后、就是、所以说"，等等，如果你一天课讲下来，学员发现你总是在重复几个词，对于他们来说，这就是"垃圾信息"，会让学员听着很不舒服。

为什么讲话的时候会出现这些赘词呢？其实，赘词的本质是语速太快，结果大脑的速度跟不上嘴巴的速度，出现了"思考的真空"。

我们都很期待自己在培训的时候能够"脱口而出""出口成章"，但实际上能力往往达不到自己的期待。当你很着急张开嘴巴要说话的时候，大脑还没来得及想好要说啥，还没组织好语言，还需要时间整理信息，才能传递到你的嘴巴——但你嘴巴已经张开了，声音已经出来了，所以就只能发出"嗯、啊"这些没有价值的赘词。

就好比现在年轻人接受信息的速度很快，看视频都喜欢1.5倍速播放。于是你自己说话的时候，嘴巴也想要1.5倍速，可惜你的大脑还是只能用1.0的速度思考，于是就出现空档了，就只能用语气词来填补了。

如果今天不是在培训，而是一场演讲比赛，大概率你就不会有太多的赘词。为什么？因为稿子已经写好了，也背诵过了，大脑不再需要时间思考，就可以脱口而出。而平时大部分培训，你都只是做个PPT而已，最多只写了关键词和关键句子，不会有逐字稿，也不会去背诵下来，讲课的时候，大脑不得不临时组织语言，就会出现"真空"了。

怎么办？就是要用停顿和留白来放慢语速，给你的大脑留下充分的组织语言的时间，让嘴巴慢下来，让大脑的速度和嘴巴同步。如果你能够慢下来，让说话有停顿和留白，烦人的赘词是可以被消灭的。

再给大家分析一个语气词的案例，来更好地理解什么是停顿和留白。

用停顿留白，消灭语气词

我之前有位学生，讲话时赘词特别多。有一次他在作分享时说了下面一段话，你可以尝试模仿一下，感受一下听众的别扭——

各位同事（嗯）大家（那个）下午好，（那个）今天我（那个）想跟大家分享一下，（那个）关于新能源方面的（那个）一些思路，（就是那个）我们对市场也做了（那个）一些观察，也研究了（就是）国家层面的一些（那个）政策，加上了我们很深入的（这个）分析，总结出了一份关于（那个）新能源（那个）未来20年战略的一份报告，（那么就是）希望今天下午能够有机会（就是那个）听听大家的一些看法，和大家未来多多合作。（那个）谢谢大家。

如果把上面括号里的所有语气词变成停顿和空白，会不会一下子好很多呢？一模一样的内容，把括号里的赘词全部变成停顿空白，你念一遍试试看——

各位同事（　）大家（　）下午好，（　）今天我（　）想跟大家分享一下，（　）关于新能源方面的（　）一些思路，（　）我们对市场也做了（　）一些观察，也研究了（　）国家层面的一些（　）政策，加上了我们很深入的（　）分析，总结出了一份关于（　）新能源（　）未来20年战略的一份报告，（　）希望今天下午能够有机会（　）听听大家的一些看法，和大家未来多多合作。（　）谢谢大家。

怎么样，重新用停顿和留白的方法，念下来感觉如何？是不是好很多？只要讲慢一点，不要着急，多一些停顿，留一些空白，让大脑有充分的思考空间，整个节奏就会好很多。

2. 湿润和蓬松感

干货需要先"泡发"

培训时，大家都让老师多讲干货。什么是"干货"？从培训角度来说，"干货"的意思就是高度浓缩的知识点。干货真的越多越好吗？在回答这个问题之前，我们先来看看干货到底是什么。

为什么叫干货？生活中的干货就是晒干了以后可以保存很长时间的食物，比如鱼干、笋干、海蜇头等。

但是干货没办法直接拿来就吃，因为硬邦邦的咬不动。所以，吃之前，需要用水"泡发"，比如老笋干在吃之前要先泡在水里3～5天，发起来后反复煮，直到饱含水分的湿润和蓬松，再拿来和肉一起做成一道江浙名菜："笋干烧肉"。

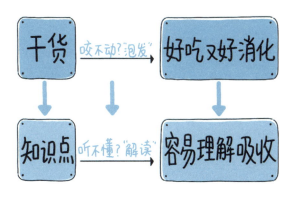

让语言湿润和蓬松

培训和知识学习也是同样道理。干货太多，学员没办法全盘吸收。所以，培训师也需要把知识点先"泡发"。运用口语化语言去"湿润"，也就是多去解读，这样学员才能更好消化吸收。干货虽然好，但不能只有干货，没有水。你给干货时，一定要想办法先给它泡发一下，这就是语言当中的湿润感和蓬松感。需要做到以下三点——

多说人话　　多讲故事　　多做衔接

第一，多说人话。

PPT只保留关键词——不要把所有内容都写在PPT上，只留下关键词，解读概念的时候，不要念稿，而是多用自己的语言，口语化地描述。

专业性语言讲求简单——用短句、断词，而不是过于复杂的书面语。苹果推出第一代iPod的时候，乔布斯没有说"内存有多少个G"，而是轻松地说，"你可以把1 000首歌装进口袋里"。后来这句话还成为iPod的广告词和宣传语。

书面语言改口语化——"迅速"改为"很快就"，"立即"改为"马上"；"连日来"改为"这些天来"；"地处"改为"位置在"，等等。

多用比喻和打比方——我跟大家解释"湿润和蓬松感"这个概

念的时候，把"知识点干货"比喻成了食物中的干货，用老笋干需要泡发以后才能做笋干红烧肉的例子，学员就比较好理解什么叫作语言的湿润和蓬松感了，这就是比喻和打比方。

第二，多讲故事。

讲故事是培训师的必修能力。为什么TED演讲那么受欢迎？因为演讲者都在说故事，最后总结出一个道理，顺其自然，水到渠成。

培训也是如此，如果你一直都在讲道理、讲数据，学员就会觉得无聊。培训中的讲故事，其实就是举例子，讲案例，说你的亲身经历和体会。当然，讲故事要结合培训内容去设计，而不是为了讲故事去硬讲一些名人轶事、神话故事。故事一定要服务于培训本身。

第三，多作衔接。

优秀培训师有良好的表达逻辑，讲的内容要有一条完整的逻辑线，环环相扣，学员听完不会觉得支离破碎。就好比给学员建立一根知识的锁链，把前后知识串联起来，让他们能够顺藤摸瓜。培训师需要不断总结/重复/过渡，不要怕啰嗦。"重要事情说三遍"，只有反复敲打，重要知识点才会留在脑海中。

3. 参与和获得感

为什么要让学员多参与？

培训过程，为什么要尽量让学员多参与呢？先看下面这段英文——

I hear and I forget,

I see and I remember,

I do and I understand,

I share and I know.

这段话讲的就是学习效果。如果学员只是听，可能很快就忘了，你做一遍给他看，他就能记住；如果你能让他参与进来，自己做一遍，那他就能理解了；你让他再分享出来，那他就真的彻底明白了。

只有学员自己思考，才能吸收；自己参与，才更有收获。作为培训师，你的目标就是想办法让学员参与到课堂中。

让学员积极参与也有三个技巧——

多鼓励　　多对话　　多认可

第一，多鼓励。

少说教，少打压，少命令。回想学生时代，老师们最常用的就是打压式教育。有一句话大家肯定记忆犹新："你们是我教过最差的学生！"

来到企业，再用这种方式就不合适了。听课的学员不是学生，而是成年人，大部分还是被公司安排来的，本来就没那么积极主动，如果你再用传统的说教、打压、命令模式，就更没人愿意听了。

用感谢和欢迎调动学员积极性。刚开始上课，氛围比较冷，你可以感谢和欢迎大家到来，并对大家的努力给予肯定。"大家好，欢迎大家来到我们的课堂。首先要感谢大家工作那么忙，还愿意花时间来听我这个分享，真的太给我面子了！非常感谢大家对我的认同。"

用鼓励调动学员积极性。遇到一些不好理解的知识点时，学员容易退缩，这时就需要鼓励大家："这个技术看上去挺难的，其实也没那么难。我接下来给大家做一个分析，大家智商那么高，肯定能马上理解！"

这么一鼓励，学员们就更有可能积极主动地参与到你的课堂当中来。

第二，多对话。

企业培训中很多专业知识晦涩难懂。培训时，你就要和学员多对话多互动，用聊天方式和他们建立连接，你也会因此显得更有亲和力。

点名提问——如果台下有一些比较熟悉的同事，可以直接以名字称呼他们。"Jason，我们上次是不是遇到过这样的一个案例？你还记得吗？"每个人内心都渴望被看见。当被叫到名字，他会感受到被看见、被关注，也更容易和你产生连接。

聊天式提问——我自己在培训演讲的时候，讲到观众注意力时，我一般会这样抛出一些问题：

"大家知道TED演讲是多少分钟吗？"

"对，你们都知道。是18分钟。"

"那TED演讲为什么会设定18分钟的标准呢？"

这种提问方式有点像在和学员聊天对话。更重要的是，这样做更能带动学员主动思考。

自问自答——如果遇到没有学员回答问题，或他们答不上来，也没关系！你可以用自问自答的方式化解。比如：

"这个问题是什么原因造成的呢？大家有想过吗？我来给大家解答一下。"或者，"这个新技术，目前可以应用在什么地方呢？大家肯定有这样的疑问，接下来我带大家一起分析一下"。

第三，多认可。

每当有人回答问题，很多老师第一反应往往就是："你说得不对，错了！"这样的语气容易打击学员，并降低学习积极性，影响参与度，以至于后面其他同学渐渐不太敢回答你的问题，因为怕讲错被批评。

肯定对方，创造安全感。

作为老师，要给学员创造安全的学习空间，让他们感觉更有收获。认可，就能带来安全感。如果有人回答了问题后，你觉得不对，也不要直接跟学员说"你这个是错的，不对！"你可以说"你的想法很有意思""你的思路非常清晰"，让学员感到虽然讲得不对，但他的思考过程被认可了，所以他是安全的，也会愿意继续参与。接着，你再说"那我再来补充一下，这里的原理是这样的……"，用这种方式肯定了学员的回答后，再把正确答案讲出来。

"YES，AND"法。

还有一些学员会在课堂上提出一些疑问，甚至不认同你所说的，怎么办呢？有一个方法叫"YES，AND"（是的，而且），这是一种认可和递进的关系，就是无论对方说什么，你先用YES（是的）认可对方，然后用AND（而且）来补充你的看法，这样就不会产生反驳的感觉。

我们更容易脱口而出的其实是"YES，BUT"（是的，但是），这是一种否定转折的关系，对方说完以后，虽然你先说了YES（是的），只不过你的BUT（但是）一出来，大家都知道，你否定了他，要反驳了。"YES，AND"要比"YES，BUT"难很多，尝试着用一下吧。

多鼓励、多对话、多认可会为课堂注满能量，学生感受到在这里学习很安全很自在后，参与度也更高，也会更愿意和老师多交流。

口语表达总结

口 — 口语表达

三大目标

| 听得下去 | 容易消化 | 激发思考 |

三种模式

| 力量和节奏感 | 湿润和蓬松感 | 参与和获得感 |

九个技巧

放大音量	多说人话	多鼓励
深吸慢呼	多讲故事	多对话
停顿留白	多做衔接	多认可

四、肢体呈现

身一肢体呈现

培训师的"首因效应"

为什么对培训师来说，肢体呈现很重要？大家有没有听过"首因效应"，这个概念是由美国心理学家洛钦斯率先提出，也叫首次效应、优先效应或第一印象效应。指交往双方形成的第一印象对今后交往关系的影响，即"先入为主"的效果。培训师在开场时的穿着、行为举止会给学员留下第一印象。这个"第一印象"在前10秒钟一旦固化，后面就很难改变了。

作为学员，看到有些老师一进教室，你可能会立刻下判断，这位老师很严肃很严厉，你就想接下来的课可能会无聊，也会下意识地去想，要不等会先发个邮件或者干点别的。

对老师固化的第一印象如果是"无聊"，会让你不想跟这位老师有太多沟通交流。同样，如果你觉得这位老师不修边幅、邋里邋遢，你也会想要远离他一点。心理上有抗拒，后面就很难亲近。

作为老师，也许你的课程内容设计得丰富精彩，但是由于没有注意到自己可能给学员留下了不是那么完美的第一印象，往往就"事倍功半"。学员对你第一印象不佳，后面也不认真听，你不是白白准备了那么好的内容吗？好的内容得不到大家认可，就得不偿失了。

所以，我总结了三种常见的培训师风格，供大家参考。

（一）三种培训风格

和蔼可亲型	专业可靠型	神采飞扬型
让人更愿亲近 不会遥不可及	显得权威可信 让人心服口服	展现强大气场 影响感染他人

可以先想想看，你更加靠近哪种风格？接下来我具体展开讲解。

1. 和蔼可亲型

和蔼可亲型的老师经常是面带微笑，跟学员打招呼也比较自在。从他轻松的肢体语言就让人感觉到他更愿意亲近学员。

学员进了教室之后，可能会感觉这位老师的面相很有亲和力，也很热情，朝学员微笑。学员一旦有了亲近感，更愿意接近这位老师，也更愿意听他讲话，上他的课。

很多公司的HR往往会提供一些新员工培训，而担任HR职能的一般以女性为多。女性因其亲和力等而很适合做培训，尤其是新员工培训，会给新入职的同事们带来亲近友好的感觉。

我以前在蒂森克虏伯工作时，培训学院里有好多不同的老师。有一位女老师专门讲时间管理方面的课程，新员工必备职场技能、Office办公技能等，她的授课风格也是这种和蔼可亲型，新员工们也特别喜欢听她讲课。

2. 专业可靠型

还有一类老师是专业可靠型。偏技术型的老师往往靠近这种类型。

蒂森克虏伯是做电梯的，我们很重要的一个部门就是电梯维修

部。很多经验老到的师傅们需要带新徒弟，所以不得不讲一些技术类型的课程。我记得当时有两位专门讲这门课的老师傅，他们一出场，学员们就觉得他们很专业很靠谱。我把他们称为专业可靠型老师。

这不是因为他年纪大，或者特别笑容可掬。他给人的整体感觉就是挺有权威、有可信度，让人一眼看去就会心服口服。同时，他待人接物的态度、站姿、讲话方式，都特别稳重。

学员会因此很信任他们，产生良好的首因效应。因为信任，所以后面老师讲难懂的技术，也会努力去听讲学习，授课效果也很显著。

所以，专业可靠型老师让人很容易相信他接受他，觉得他是老专家，在专业这方面是靠谱的。

3. 神采飞扬型

还有一类老师，我把他称为神采飞扬型。神采飞扬型老师就是很热情，整个人眉飞色舞，声音很大很洪亮。

这样的老师一讲课，肢体语言就很丰富。学员在他带动下，很容易充满激情，听课时就会被带进去。

如果一位老师讲得很平淡、面无表情；说话声音也很平弱，没有任何肢体语言，学员就会听得昏昏欲睡。看不到这个老师的任何动作表情之余，PPT还在那里干巴巴地放着，上面还有很多字！好了，麻烦了！学员就听不下去了。

以上三类老师都是不错的。无论是和蔼可亲型，专业可靠型，还是神采飞扬型，都能让人喜欢上听他讲课。

在这里，你可以思考一下自己属于哪种类型。如果你天生就比较有亲和力，那么往和蔼可亲型靠就合适。如果你是技术背景出身，相对比较严肃严谨，那么就可以往专业可靠型发展。如果你从小八面玲珑，活泼外向，那么神采飞扬型就非你莫属啦！

（二）肢体呈现的三大目标

拉近
距离

建立
信任

激发
热情

不论你是哪种类型，在课堂上有一定的肢体呈现还是很有必要的。为什么呢？培训师肢体呈现有三个重要目的：

第一，好的肢体呈现能够拉近跟学员之间的距离；

第二，好的肢体呈现能够建立学员对你的信任，让学员愿意听你讲课；

第三，好的肢体呈现能够激发学员热情，让他们更愿意接受和参与。

学习需要主动性。主动性越强，学到的也就越多。作为培训师，只有在激发学员的学习热情之后，他们才会学得更多，更有收获。那么，如何做好这三点呢？

怎样才能够跟学员拉近距离?

第一,多微笑。微笑使人产生亲近感,也更体现出你的自信。

笑容是很好的武器。很多老师讲课比较严肃,板着脸,学员就觉得很有距离感。作为培训师,你的微笑会让你显得容易亲近。对学员有热情,也显得你对自己的授课内容很自信。

第二,站着讲课。站着讲课比坐着更加容易亲近学员,拉近和学员的距离。

一些传统的培训师喜欢像讲座一样坐着讲课,特别是坐在讲台后面。学员看着屏幕上的PPT,就没办法看到你的肢体语言,注意力就不太会放在你身上,也会因此觉得这位老师跟我们距离很遥远,而且也不怎么理会我们。你站起来讲课,学员就容易看到你,视觉效果就好了。再者,站着讲课才能更容易运用手势、语言和眼神,

声音也更容易传到教室后面去。

第三，面对学员。讲课的时候要尽量多面对学员，才能够和学员拉近距离。

有的老师可能因为对内容不熟悉，或者不习惯跟学员眼神交流，特别喜欢对着自己的电脑或者PPT讲课。这样做的后果，就是大大拉远了跟学员的距离。

前面我们讲过要转换焦点：你的焦点要转换到学员身上。因此，你要更多面对学员，少一点面对PPT。课前先多熟悉自己的内容，多做预习，多练习自己讲的东西；上课时尽量把注意力放在学员身上哦。

如何建立信任

第一步通过微笑/站着讲课/多面对学员，来拉近跟学员距离；第二步，学员脑海当中可能就会产生这样的疑问：这位老师讲的东西到底对不对？到底专不专业？所以，我们也需要建立跟学员的信任互动，让他们相信我们的授课内容是专业的，值得学习的。具体怎么做呢？

第一，要注意穿着。

我们前面说到的第一印象，首因效应的形象很重要。如果你在企业中上课，你认为大家都是同事，我穿得随意一点，没关系，那就可能会给学员留下不专业的印象。

虽然不用像销售同事那样全套西装革履；但作为男老师，你在春秋天的时候，是否至少能够穿件衬衫，不要穿T恤衫和随意的居家服呢？如果是女老师，穿稍微有个领子的衬衫和西裤/西裙，配上一双小高跟，相比于T恤牛仔裤运动鞋，会更正式专业，让人产生好感。

这就是为什么去餐厅吃饭，特别是西餐厅，如果穿着随意，给人感觉不是很正规。你如果穿得西装革履，甚至有的外国人出去吃顿饭也要穿上礼服或燕尾服，进这个餐厅就很有感觉。这就是"仪式感"！

自己穿得正式，也会感受到上扬的气场，你的授课状态也会因此显得更自信自然。

第二，注意仪容仪表。

除了穿着之外，整洁的仪容仪表也是培训师的必修课。企业培训师的仪容仪表有什么标准要求吗？很简单，无论男女，记住四个字就好：**干净利落**。

发型头发要稍微打理一下，特别是男老师，因为女老师一般对这方面比较注重。男老师头发和面部则都需要稍微打理一下。

女老师就算平时不化妆，要讲课了还是可以稍微化点淡妆，打个粉底，涂个口红之类。

稍微打理一下，就会让人感觉焕然一新，同时也意味着这位老师是很认真很专注对待这堂课的。

我记得在英特尔工作时，经常有同事从美国飞来开会，让我印象深刻的就有这样一位女同事，她每天上班一定要化一下妆，涂一下眼线之类，很注意自己的形象。同样是做技术的，我们的一些中国女同事就比较没有日常化妆的习惯，素颜比较多。

作为培训师，化妆打理自己是对学员的尊重。另外，还要留意，站姿需挺拔一些，不要歪歪扭扭的，不要靠在桌上。人站得笔挺，也会呈现出一个专业的形象。

第三，多做眼神交流。

有些培训师讲课时不太看学员，或者总是盯着个别几位回应比较热烈的学员，或者眼睛不断看投影或天花板。以上做法都容易失去与学员有效沟通、彼此建立信任的好机会，让他们觉得老师不够专业自信。

你如果想让学员对你产生信任，首先要把信任的眼神拿出来，投向观众。这个眼神必须是坚定的，而不是飘忽的。它要在每位学员身上停留几秒钟，而不是一会儿看天花板，一会儿看地面，一会儿看PPT。

那么，在课堂上该如何跟学员进行眼神交流呢？推荐一个简单的公式给你：1∶1∶1。一次只看一个人，只说一句话！

怎么做呢？首先盯着一名学员眼睛，对着他说完一句话后，再随机转向下一位学员。记住，不一定要紧盯挨着他的人，自然随机即可。这就是1∶1∶1！

眼神是人的能量的体现。眼神所到之处就是你的影响力触达之地。很多培训师为什么控场能力不足？最重要的原因就是能量不足，也就是眼神力度不够。坚定的眼神所树立的权威，比任何口头表述更具力量。

第四，注意手势语言。

看看图片上五个人的手：

第一位：放在肚子上，显得紧张局促。

第二位：交叉在胸口是一种自我保护和反对的姿态，似乎站在了学员对立面。

第三位：叉腰，显得很牛，高高在上，有距离感。

第四位：放背后，像教导主任训话，让学员产生恐惧心态和抗拒心理。

第五位：插口袋，吊儿郎当无所谓。偶尔插口袋讲课也可能是帅帅的，但一直插口袋就有一种太拽的感觉。

所以你的姿态一定要尽可能放松自然，让人产生信任感。如果能够通过形象、仪容仪表、眼神、姿态、肢体语言，让学员觉得你是专业靠谱的，学员就愿意听你讲，你也能跟学员之间建立起信任。他们愿意多听你讲，也就更容易相信你所说，不容易对你进行挑战。

如何激发学习热情

最后，我们还要达到一个目标，就是要去激发学员的热情。为什么要激发热情？刚才也说到了，你激发了他们的热情，他们有参与度，自主努力学习，学习才真有成效。只听你讲，效果肯定大打折扣。

如果他们被你的激情所带动，参与互动讨论，再跟着去做，他们对你的接受度就要超过50%。这就是参与的好处，所以你要激发他们的热情。

怎么去激发他们的热情呢？上一章我们讲到声音要更具备感染力。在这一章，我们又讲了肢体语言。肢体语言包括你的手势要更丰富一些，才能够激励大家。

怎么样才能做到一名充满激情的老师？前面我们提到，能量有九个不同层级，而手势也同样具备能量空间。这个能量空间可以带来不同的能量感受，因而能激发学员的热情。

四大能量空间

我们有四大能量空间：肩膀以上是高能区，肩膀到胯部是舒适区，胯部以下是放松区。手势伸到两边，就变成了气场区或者叫扩张区。

1. 高能区

肩膀以上的空间叫高能区，你在这个空间做一些动作，会给学员传递出一种能量很强、很有气场的感觉，而且很有号召力。高能区的能量很高，学员就会容易被你感染、打动和激发。

2. 舒适区

胯部到腰部的空间叫舒适。这个空间让人很舒服。正常讲课的时候就用这个区间。

3. 放松区

腰部、胯部以下的空间叫放松区。当在这个空间做一些动作，会给学员传递一种很放松或低能量的状态。讲到情绪比较低的一些话题时，你的手可能会放下面。培训时也有可能会讲到一些负面信息，这个时候你的手也要放在下面。

4. 扩张区

双手打开往两边伸展，就找到了扩张区，显示出你强大的气场。跟学员互动时或者邀请学员发言，手尽量要张得大一点，打开一点。

丰富的手势

除了四大空间，上课时，你的手势也可以丰富一些，作出一些演绎动作。一旦激发学员热情，大家就有可能被你带动，对课程的接受度就更高一些。

比如，说到看书就做翻书的动作，打电话就做手拿电话的动作等。有了这些动作，你的课程会变得更多姿多彩，更有演绎感了。

强调重点时，尽量不要用手指，而是用手掌或用切的动作去强调某个重点；或者对着PPT"第一、第二、第三"，或者对着前方"第一、第二、第三"。

所以，神采飞扬型老师就比较擅长于用手势来演绎。良好的肢体呈现能够拉近距离，建立信任，激发学员热情，这是我们的主要目的。

肢体呈现总结

三种培训风格

| 和蔼可亲型 | 专业可靠型 | 神采飞扬型 |

肢体呈现三大目标

拉近距离　建立信任　激发热情

第四章

互动环节篇

真正的破冰发生
在培训开始前。

培训三大阶段和十个环节

一场成功的培训，除了精彩的内容，有用的干货，漂亮的PPT之外，更离不开精心设计的课程环节、不同的教学方法，以及讲师和学员之间的互动技巧。

真正的培训环节，并不是从培训师上台讲课那一刻开始，而是从培训课程前2个月就开始了。从时间线的角度，我们可以把培训课程环节简单分为三大阶段：培训前、培训当天和培训后。

如果以"课程开始"为节点，又可以把三个阶段细化为十个环节——

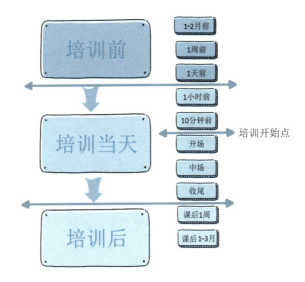

一、培训前

（一）培训1～2个月前：准备期

课前1～2月，培训的准备工作就已经开始了。课前准备四步法——

组织报名

在组织学员报名阶段，可以跟培训组织方直接沟通，通过网上或发邮件形式给报名的学员发一份调研问卷，涵盖以下基本信息：**姓名、性别、部门岗位、工作年限。**

通过这些信息，你就可以大致了解学员们的属性。

从工作年限，你可以知道：工作年限5年内的，基本就是新员工级别，可能是90后、95后甚至00后，你的授课风格和内容就要相应年轻化一点，跟年轻人要有共同语言；而工作年限在15年以上，就是非常高层的领导或者资深专家了，你就要考量自己能不能控住这个场，内容深度也要有所提高，毕竟都是职场老人了，也会更加刁钻和严格。

从部门岗位，你可以看出是同个部门内的培训，还是内部公开课（不同部门自由报名），也可以看出是偏技术部门学员，还是偏业务部门学员。技术部门的同事相对有理工科思维，比较内敛，场子不容易热起来，就要多点破冰和互动环节，调动课堂气氛；业务部门的同事比较热情外放，课堂氛围比较好，那就要控制好课堂节奏，不要跑偏。

从性别，你可以看出男女生比例分布。男女比例均匀相对比较好。我在安排座位时一般也是男女搭配、干活不累。女生比较多，气氛就不太容易调动，因为女生相对比较内敛。

掌握这些基本信息，就可以帮你更好地了解学员属性，更好地对症下药设计课程形式和内容。

需求调研

需求调研可以分为四个模块——

举个例子。某企业技术部门要提高员工演讲表达能力。我就要去调研：

（1）问题。这些技术部门员工目前在演讲表达能力方面遇到了什么问题？是跟客户做售前展示时，丝毫没能引起客户兴趣？还是工作汇报时被老板批评了？只有了解他们在实际工作当中遇到了什么问题，才能理解他们为什么想要开展这次培训。

（2）差距。在培训组织者眼里，他们跟优秀的演讲表达者之间有什么差距？是不够幽默？还是不够专业范儿？为什么要强调多和培训组织者沟通？因为他们是买单的人。可能是这批技术部门员工的老大，也就是业务负责人；也有可能是培训部门负责人。你要通过和培训组织者沟通，去了解学员们的差距。

（3）原因。造成差距背后的原因是什么？这也是需要去着重调研的问题。比如，是工作中缺少演讲锻炼的机会？是学员们本身不够自信不敢表达？还是本身表达能力也不错，公司期待他们能够更上一层楼？

（4）目标。培训组织者期待员工发生哪些改变？是台风更好？表达更流畅？更能应对老板/客户的挑战？这个问题很大程度上决定了培训组织者是否会满意你的培训。

再举个例子，比如一批新晋管理岗的中层经理，需要一个领导力课程。那么，你就要进行如下调研：

（1）问题。这批新晋经理们在实际工作中遇到什么问题？比如，是他们不知道如何培养下属，还是无法适应带领团队做出业绩？还是不知道如何梳理部门流程和制度？

（2）差距。在培训需求方眼里，他们跟优秀的中层管理者之间有什么差距？

（3）原因。造成差距背后的原因是什么？是自身不喜欢或不适应做管理者，更想做业务骨干，还是执行操作层面上缺少工具和方法？

（4）目标。期待他们参加完培训后发生哪些改变？是希望他们心态上适应角色转变，还是完成跟前任的业务交接？抑或希望他们能够给团队提振士气？

根据以上四个维度的问题，你可以跟培训组织者进行电话访谈深度沟通，也可以设计一份调研问卷让参训学员们填写。如果两种方式都能执行，肯定最优。

课件制作

了解了学员基本信息，以及培训需求后，我们开始准备PPT课件。如果这是一门全新课程，就要从头开始制作课件；如果是你已经有的课程内容，就可根据本次学员不同点和需求差异，对原来已有的课件PPT作一些内容调整。课件制作和课程设计可根据本书第二章内容做准备。

场地物料

根据课程需求，准备培训中一定要用或者可能用到的物料，比如学员手册、要打印的资料等。如果需要培训部门和HR协助，就先列出物料清单，以及场地布置要求和示意图等，方便HR提前准备，并预定合适的培训教室。

有经验的培训师可能会准备演示用的小道具，或者互动用的小礼品，等等。提前筹备让讲师和组织培训人员都能有条不紊，做好提前量。

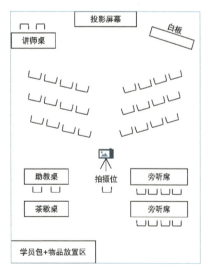

场地布置示意图

物料清单示意图

培训准备清单				
课程：	《商务演讲技巧》		培训人数：	20人
培训时间：	2月23日 9:00-12:00		培训地点：	上海教室
物品名称	单位	数量	助教准备	讲师自备
1、教学、讲师需要物品				
《学员手册》	份	25	√	
学员签到表/名单	张	2	√	
培训证书	张	20	√	
学员名字胸贴	套	20张 x 3	√	
小奖品	份	4	√	
手机/摄像机	台	1	√	
手机/摄像机支架	台	1	√	
笔记本电脑	台	1		√
激光翻页笔	支	1		√
2、培训教室设备、设施类				
培训教室	间	1	√	
无线手持话筒	个	2	√	
电脑音响或外接音	套	1	√	
投影仪	套	1	√	
投影幕	个	1	√	
白板Flipchart	套	6	√	
白板笔	套	红蓝黑 x 6	√	
3、后勤类				
茶歇/小点心	次	1	√	
午餐	次	1	√	
助教	人	1	√	

（二）培训1周前：通知期

和培训组织者再次沟通，确认学员人数，并请组织者发送培训通知邮件。必要的话，请组织者电话与学员沟通，确认学员是否能正常参加。针对不能参加的学员，提前写请假单，这样可以保证你在上课前清楚多少学员可以正常到场，沟通场地预定信息以及物料准备情况。如有可能，提前去教室确认，保证设备设施完善。

（三）培训1天前：确认期

课前1天，要和培训组织者确认第二天的场地情况和第二天方便入场的时间；确认最终的学员名单，以及物料是否备齐。

如果条件允许，可以提前到培训场地看一下设备，保证你需要的投影、电视机、话筒等基础设施都有，且都可以正常使用。即便你的要求未能全部执行，还有时间补救，甚至更换教室。如第二天开始上课发现设备设施出现问题，就会猝不及防，甚或影响课程最终实施。

课程讲得好与不好，课程准备得是否充分，最终责任人是谁呢？不是组织者或HR，因为他们是配合你培训的。作为培训师，你才是第一责任人！

培训师是培训的第一责任人。

（四）课前1小时：临场期

企业内部培训，通常不能太早进入会议室。有时前面时段可能还有其他会议，所以一般建议提前1小时到现场。实在来不及，至少要保证有30分钟时间提前作准备。

进入培训教室或者会议室后第一件事，就是先连接好电脑设备、投影仪，测试PPT投放，确保都能正常操作。

如果课程里有播放视频，看一下现场是否有外接电脑音频线，测试下是否能正常播放电脑声音。如果是大教室，也要抓紧时间测试一下麦克风效果。

如果培训课程对桌椅排列有特别要求，而上一场会议排列和你的有所不同，就更需要培训师提前来到现场，和助教一起配合，重新排列桌椅。

现场其他设施，比如灯光是否刺眼、翻页笔是否能正常使用、白板笔有没有墨水，都要测试使用一下，并提前把准备给学员的资料摆放好等。

注意事项：

最好提前1小时到教室（至少要保证提前30分钟）。

（1）连接电脑和投影仪、PPT播放测试。

（2）电脑音频连接测试、现场麦克风测试。

（3）其他设施：灯光、翻页笔、白板笔、资料……

（五）开场前10分钟：暖场期

课程还没开始前的10分钟，学员陆续来到教室，这时培训师的主要工作就是暖场。很多人可能会问，10分钟后直接上课不行吗？做暖场是不是没必要，浪费时间？

> 暖场目的：建立场域氛围，帮助学员融入。
> 方法窍门：主动问候聊天，放松缓解压力。
> 找到"托儿"，避免"尬聊"。

从我多年经验来看，暖场环节非常重要。一场好的培训，开始时塑造的场域氛围决定了接下来2～3小时的培训效果。如果能够利用好开场前10分钟，营造好氛围，学员迅速融入，正式开课就会相对顺利，参与的人也会比较多。

暖场环节有哪些方法呢？最简单的就是聊天。开场前5～10分钟，学员会陆续来到教室。从第一个学员进来开始，你就可以主动跟他们打招呼，欢迎他们到来。比如聊聊今天天气不错啊，你来自哪个部门啊，简单的日常问候就可以，主要目的就是和学员熟悉热络起来，让他们感到轻松，没有压力。

更厉害的暖场高手，会找到课程的"托儿"。一定会有学员先来，你可以和先来的几个学员建立熟悉感，和他们熟络后，待会儿正式开场，气氛就不会那么尴尬、那么冷。你既然已经跟其中几个人建立了connection（连接），打过交道，那他们就是这个场域中的"自己人"了，讲课时就可以提提他们的名字，用对话来化解你的紧张感和冰冷的课堂气氛。

当学员感觉到你把他们当作朋友，今天这个培训是在和朋友聊天沟通，就没有那么生分了。培训前的暖场做足做充分后，接下来进入课程就容易多了。

二、培训全过程

(一) 开场

开场的目的是打破你和学员之间的僵局，建立起你们之间平等的关系，营造出轻松的课堂氛围，从而让学员进入培训状态。

很多讲师的开场导入比较生硬，有点照本宣科的感觉。

比如："大家好，我是陈璋老师，今天我们要上的是TTT内训师的课程，下面我开始讲解。"

怎么样？请问学员听了这样的开场白，是什么感受？有没有一种高中班主任再现的感觉？

建议大家不要这么生硬开场，不要直接念标题。这里给大家介绍三种常用的开场方式，分别是——

提问开场	故事开场	数据开场

提问开场

针对课程主题提出问题，引导大家思考。

举个例子。我们的 TTT 内训师课程，开场白可以这么问：各位同事，你们觉得培训对企业带来什么帮助呢？或者，大家觉得，到底什么是培训师呢？或者，同事们，你认为内训师在公司里，应该要承担哪些职责呢？

当然，开场问题的设计，还是需要多思考一下。问得不好，大家不理你，很尴尬；问得太简单，学员会觉得摸不着头脑。

假设你在开场时问：各位同事，今天早饭吃了吗？好的，下面我们开始 TTT 内训师课程。是不是很尴尬？大家肯定觉得很懵，早饭吃了和下面的课程有什么关系呢？所以，提问一定要先设计好。要和主题相关，而不是随便问。

再举一个案例。比如，今天你要上一个执行力课程，你可以开场时问：大家觉得执行力重要吗？没错，很重要。那么，有人知道"执行力"这个词是谁发明的吗？不知道对吧，我来给大家分享一个故事。

你看，这样的开场设计是不是更能抓住大家注意力，引发学员思考呢？

故事开场

选择一个有意义的、与现场状况匹配的故事，同时要发人深省，引发后续思考。

比如，张文宏医生在2020年CC讲坛上，作了一场《你必须知道的流感真相》的分享，他的开场用了一张欧洲大流感的病房照片。

接着开始讲述1918年大流感的故事。这样就是从一个故事调动大家听下去的兴趣，也引导大家有了自己的思考，同时承接到主题。

数据开场

用一组引人瞩目的数据，进行开场导入。

同样是刚才张文宏医生演讲案例。他在开场就给出一组惊人数据，1918年世纪大流感造成全世界死亡人数达5 000万到1亿！而1918年世界总人口才18亿。通过这组数据，他引出当时人类对流感的恐慌程度，从而带出他对SARS的理解，也就非常自然。

再举个培训的例子。有一位老师在讲解"如何提高生产效率"这个课程时，开场他是这样说的：

这个月我们的产量又提升了，加上前三个月，这个季度累计比去年同期已经提升了15%，我们有了进步。不过，我对比了一下其他车间，我发现另外几个车间的增长率都在25%以上。和自己对比，我们在进步，和他人对比，我们在退步。下面我来谈谈，如何提高生产效率这个话题。

你看，利用数据开场讲解，对一些技术型课程来说能产生非常好的效果。

当然，运用数据时也要注意以下几个小贴士：

第一是数字要真实。不要编造假数据，不然很容易被人戳穿，会适得其反。

第二是数字要尽量具体。比如56%、125人等，就是要精确，不用"大概、或许、应该、100多吧"等笼统用词。数字很含糊，冲击力就不够。

我们学完了培训开场三种设计方式：提问开场、故事开场、数据开场。开场主要的目标，是能更好地引导课程主题，让学员更有兴趣往下听。完成了开场的课题引导之后，课程就可以慢慢展开，渐入佳境。

（二）中场互动

所谓互动，是培训师与学员之间，学员与学员之间通过语言或其他方式，彼此传递信息而发生的相互依赖性行为的过程，能有效帮助输出培训成果。

作为培训师，不仅要把自己的课程内容讲好，还要考虑培训中的环节设计和互动。国际著名教育心理学家和教育技术学家戴维·梅里尔教授在他的五星教学法中就提出过这样一个看法。他说，培训的本质不是Tell Me，而是Show Me。

"Tell Me"是"告诉我"，是通过讲述来让学员领悟新的知识点和技能点；而"Show Me"是"做给我看"的意思，强调的是"要根据不同的知识点来选择不同的授课方式"。不同课程环节选择不同授课方法和互动方式，会让课程内容更有效用，更能让学员沉浸到学习中，并更愿意参与进来，更顺利达成课程目标。

如果你今天的培训不仅仅是知识传递，而是期待能解决问题，那就更需要采用Show Me的方式。也就是依据课程主题、目标和学员特质来设计不同的授课方式。

在第三章，我曾讲到成人学习的注意力曲线大约是15分钟，过了15分钟注意力就很难集中——就像看电影。如果一部电影在播放到15分钟时还没强烈吸引观众，那被吐槽的可能性就会提升到70%。

而现在，手机和短视频的存在把我们的注意力更彻底碎片化了。

为了留住学员注意力，你在课程中也要设置各种元素，调动学员积极性，让他们愿意听、爱听。

我们又该如何设计才能更好地和学员互动，达到最佳学习效果呢？

学员的5级参与度

互动的目标是提高学员参与度，学员不参与就学不到东西。我们把参与度分为5个级别，每个级别的参与度是不一样的：

参与度	1级	2级	3级	4级	5级
耳	√	√	√	√	√
口		√	√	√	√
身			√	√	√
脑				√	√
心					√

第1级，耳朵先参与进来。学员首先要听了，才能接收到信息。但是培训中很容易"左耳进右耳出"，参与了等于没参与，神游了，所以如果只有耳朵的话，参与度是比较低的。

第2级，让嘴巴也参与进来。怎么才能让学员的嘴巴参与进来呢？就是通过提问的方式，学员动嘴回答了，其参与度就能增加1级。

第3级，让身体也参与进来。培训师可以通过做一些小游戏、演练、写白板等活动，让学员的身体动起来。身体动了血液才流通，血液流通人才有活性。所以，学员身体一旦动了，参与度就高了。

第4级，让大脑参与进来。不动脑，知识是不会内化成自己的思想的。可以通过小组讨论、头脑风暴等形式，逼着学员动脑，只要大脑动起来，知识就开始重新建构了，参与度就会增加很多。

第5级，让心也参与进来。心的参与需要很多综合因素配合，比如，要有一个好的环境，要有授课道具，要有音乐氛围，讲故事，甚至茶歇都会成为学员用心参与的动力，所以它是一个综合体现。

五类辅助工具

图片视频

图片视频可以吸引学员高度注意力。不管你放的是007电影海报的图片，还是《三国演义》电视剧剪辑的片段，都能引起学员强烈兴趣。在课堂上，我经常会播放一些和课程内容相关的有趣的视频小片段。

道具展示

道具可分为3类。

第1类是课程道具。比如：白板、彩笔、翻页笔、麦克风、音响等。白板和彩笔一般会议室都有，麦克风和音响一般大的培训教室也有。激光翻页笔建议自己常备一个，比较常用的品牌有罗技。

另外，每次上课我都会带上自己的小音响，因为我的课程里有很多视频，而一旦遇到现场没有提供音响的，我就用自己带的这个及时救场。经过多次比对测试，我觉得BOSE音响效果最好，大家可以跟我一样备一个。

第2类是教学道具。

我曾经给某车企上TTT课，其中有位工程师学员是搞发动机的，直接就把一个发动机模型拿到台上来给大家展示，大大提升了现场学员的体验感。还有一次我在一家工业设备公司，他们很多培训就是在一个展示厅里上的，摆上各种各样设备，一边讲解一边操练。

第3类是互动道具。

我最常用的互动道具是一个鲨鱼玩偶。在课堂上若没有人主动回答问题，我就跟大家玩抛鲨鱼游戏。鲨鱼抛给谁，谁就要站起来回答问题，然后把鲨鱼抛给下一位，继续分享。这样就比较容易调动大家的积极性。

分发材料

制作学习手册时，尽量留一些空白处给学员填写，可以加深学习印象。如果没有那么多资料要做成手册，也可以把一些简单资料打印出来发给学员，比如案例说明等。这样就不用把大段大段的文字投放在屏幕上，让人看了头晕。用两三页纸把它打印出来，对学员来说会更有效。

背景音乐

背景音乐可以渲染氛围。小组讨论的时候，中间休息的时候都可以放。我要特别提醒大家，早上开场前一定要放一些音乐。不然，你在前面，全场一片安静，就听见空调的声音，投影仪的声音，大家坐那也不说话，同学老师面面相觑是不是很尴尬？一有音乐马上就能让氛围轻松起来。

奖品发放

小奖品或者小礼物，也是一种互动道具。比如送一块巧克力，或者送本书，无论是纸质还是电子版，大家都很喜欢，课堂效果也非常好。

互动设计

设计互动方式时，可以考虑**自我决定理论（Self-Determination Theory，简称SDT）**。它是20世纪80年代由美国心理学家德西（Deci Edward L.）和瑞安（Ryan Richard M.）等人提出的一种认知动机理论。SDT关注人们在不受外部因素干扰条件下所作出选择背后的动机。简单来说，就是一个人可以有不受外界任何因素干扰而作出自己选择的自由和权利。这个理论有三个原理。

自主：设计的互动环节要给予学员自主选择权。比如可以挑选自己喜欢的卡片和图片或者挑选自己的队员和组长。

归属：互动环节尽量分小组来进行，可以两个人或四个人为一组。分组除了方便练习，还有一点很关键，就是让大家在一个小组里有一种归属感，彼此都能相互关注到。

胜任：互动环节的设计不能太难太复杂，学员听不懂老师的指令，互动就会失败。一定要指令清晰，学员可以明确执行。如果太难，学员不愿尝试，课堂氛围就没法带动起来，更不要说让学员有所收获了。

设计互动环节时可参考以下三个原则。如果课程效果不好，很可能就是在设计时没有遵循这些原则。下面推荐几种常用又比较容易上手操作的互动方式，分别是——

互动方式1：头脑风暴

好处：激活大脑，主动思考，产生群体智慧。

头脑风暴是一个很好的互动方式，参与性很强，能让学员激活大脑，主动思考，而不是被动听课。运用得当还能产生很多群体智慧。运用好头脑风暴，要把握好以下三个关键——

1. 问题要清晰

问题怎么问很关键，好问题才有好结果。比如，"现在我们来头脑风暴一下，我们的工作都有哪些问题"。这种问题太大，学员会很懵，无从回答。

如果改成"现在让我们一起头脑风暴一下，有哪些因素影响了这个项目进度，让我们至少列出三条"；或者"我们来思考一下，有哪些工具可以帮助我们解决这个因素的干扰，我们一起写出来"。这样就会清晰很多。

所以，如果你要进行头脑风暴，一定要越具体越细节越好。

2. 时间要定好

这一点也很关键。比如，"我们一起来讨论一下，哪些因素影响了我们不能快速执行部门下发的决定？我们用10分钟时间罗列出来，现在开始"。或者"现在给大家3分钟时间，快速讨论一下，培训师常犯的错误有哪些"。

讲师要明确宣布头脑风暴开始的时间，以及准时喊停，这样才能掌控课堂节奏，不能让讨论时间过长。

3. 讲师要提示

头脑风暴不是学员自己玩，老师在那里休息，什么都不做。

学员们分组头脑风暴时，老师应该分别进入不同小组，去观察学员进展。

学员们若有疑问，老师可以及时参与进去。比如你可以说："打断一下，我再补充两点：第一点是……，第二点是……"

或者，"关于这一点，我提醒一下，可以从这个方面来看问题……还有这个方面也是需要注意的……"

头脑风暴用得好，可以让大家积极思考和讨论，而且也真的会产生一些让我们意想不到的好点子和好方法。

互动方式2：团队PK

好处：激发学员的学习积极性，让整个课堂气氛活跃起来，形成全员学习、团队参与的好习惯。

分享一个积分PK案例：

本次培训将通过"纪律"和"学习"两方面对学员进行整体考核，每组有60分的全勤基础分。

减分制：迟到早退、请假或缺勤的，根据以下规则进行减分处罚。

加分制：项目期间按时完成作业、课堂上积极互动，将根据以下规则进行加分奖励。

积分结果将作为评选优秀小组的主要依据。积分规则如下——

评分模块	评分项	细　则	分　值
纪律	课堂出勤	请假：有事情需提前请假	−1分/天
		迟到、早退	−2分/次
		旷课：未提前请假而缺课的	−5分/次
学习	课堂互动	发言、提问、回答、分享等行为	2分/次
	课后作业	按时完成/提交作业	3分/次

团队积分PK的注意事项：

第一步，宣布规则。规则要公开透明，课程开场前宣布，并且在明确分好小组后开始进行积分。每个小组可以自行取名字，或者直接按序号编排。

第二步，助教协助。讲师授课过程肯定没有空闲来登记各组分数，所以至少需要一名助教全程跟进评分登记，并且讲师跟助教要默契配合，保证不多计分、不漏计分、公平公正。

第三步，积分奖励。培训最后，一定要统计分数，公布获奖小组，并且予以适当奖励，才能起到鼓励作用。

互动方式3：游戏活动

好处：寓教于乐，活跃气氛，提高参与热情，制造体验。帮助学员直观理解现象，是提高认知度与学习兴趣的最好方式。

游戏的方法多种多样，培训常用的小游戏也有很多。

但是，这里要敲黑板注意了！你在设计游戏时，一定要符合你的培训目标，不是为了游戏而游戏。一些培训师在课堂上设置了很多好玩的游戏，大家也玩得很开心，但是课后调研发现，培训组织方并不满意这场培训。

为什么呢？因为你的游戏虽然好玩又有趣，但是没有任何知识的总结，没有任何价值给予学员。所以，培训师一定要避免为了游戏而游戏，游戏结束后，一定要有一个深入解读，并且必须和你的培训主题相关，让学员学习后有所收获。

游戏活动结束后，你可以围绕培训目标，带大家一起讨论复盘。比如，你可以问学员两个问题：

第一，你在游戏中，获得了什么启发？（目标导向）

第二，如果在实际工作中遇到类似状况，你会怎么做？（结果导向）

可以让学员们分组讨论，也可以单独回答。可以让学员既思考了游戏本身，也思考了游戏背后的现实意义，从而不至于出现为了游戏而游戏的局面。

通过类似提问、头脑风暴、引导和体验，让大家得出自己的思考结论，一定比单纯玩游戏有效果，也更能出成果。

以上三种互动方式，可以根据实际课程的主题、授课时长、学员背景和需求灵活运用。在培训开场，如果时间足够，以一些游戏来开场，也会起到一些意想不到的效果。

等你有了一定授课经验后，便可以灵活运用、融会贯通。

陈老师敲黑板时间

"不要老是想控场，先想着去顺场。"

很多培训师都期待自己有很强的"控场能力"。什么是控场？就是期待自己能把握整个培训节奏，能把握学员的反应和需求，能把各种互动环节做好，并且能讲好这个课程。

其实，不要老想着"控场"。因为控场非常难，一般培训师很难做到位。我们应该要先想着去"顺场"，而非"控场"。

如果现场都是销售类学员，很high，你都不用怎么破冰；如果现场都是技术类学员，比较闷，你就要多破冰。

新员工啥都不懂，分享不出啥，只能比较口号型的交流；有经验的老师傅，你可以让他们讨论10年的工作经验分享。

不要一味追求完美，不管发生什么事情，都要让这个场子顺下去。学员迟到了，不要生气，人没到齐，可以再晚5分钟开始；头脑风暴想不出来了，不要生气，可以给大家一些你的建议；学员完不成作业，也不要生气，可以将作业做一些调整。

总之，要学会顺场。

（三）培训收尾

课程来到尾声，培训师如何收尾，才能让自己的培训画上完美句号呢？先来列举几种不恰当的收尾方式：

第一种：过度谦虚。

我曾经听过一个老师这么做收尾："非常高兴今天能跟大家分享这个课题，虽然我也不是特别专业，有些地方如果讲得不对的，还请大家回去多多查资料。但也感谢大家倾听，谢谢大家，再见！"

如果这样讲，大家心里肯定会想：原来你也不是特别专业啊？有些地方你还讲得不够啊？那你刚才讲的我到底是信还是不信呢？其实这位老师并不是真的不专业，只是犯了过度谦虚的毛病，得改！

第二种：戛然而止。

比如："好，由于时间关系，我们今天就先讲到这里吧，谢谢大家，下课！"这样的结尾方式有一种虎头蛇尾的感觉。让学员有点不知所措，这到底是下课时间到了，老师不讲了？还是今天的内容其实已经讲完了，老师无话可说了？总之，听着感觉就是，老师希望赶紧离开，不想多待。

第三种：结而不结。

有的老师喜欢在结尾时说："今天我们的课程内容已经全部讲完，结束了。我们学到了很多内容，大家回去要好好练习。对了，在这里我还是要再补充几点，注意有五个常犯的错误：第一……第二……第三……第四……第五……我们再来分别讲一下。"

　　本来大家以为你讲完了，总结了，结果你又开始讲新的内容，又讲了一个小时，这叫结而不结。如果还没有结束，就完全不要提示学员课程已经结尾，不然大家的心都散掉了，很难集中注意力听你接下来要讲的内容。

三种好的收尾方式

第一种：总结重点。

简单明了地把重点一二三回顾一下，确认课程目标达成，就是好的结尾。

你可以这么说："同学们，今天要讲的内容到这里就全部结束了。我们一起来回顾总结三个重点，第一……第二……第三……。我们也已经顺利地完成了课前既定的两个目标，第一……第二……。谢谢大家的配合，下课！"

第二种：余音绕梁。

你可以这样结尾："各位同学，两天的课程要结束了，非常高兴有这样的机会和大家探讨交流关于TTT的课程，非常期待我们下次能再相聚，共同学习、共同成长，你们的未来可期！谢谢大家！"

或者这样说："虽然1个小时的课程很短暂，但是和大家交流得特别开心，也都成为好朋友了，期待你们能把今天学到的方法和工具，运用到实际工作中，有任何问题，欢迎随时和我沟通，发邮件、发微信都可以，我一定知无不言，谢谢大家今天的热情！下次有机会，我们再一起聊这个话题！"

这样结尾，既表达感谢之情，也留下伏笔，表示你也觉得意犹未尽，为未来沟通和下一次培训做好铺垫。

第三种：意义升华。

我在企业TTT课程结尾，通常会这样说："同学们，在课程最后，我想和大家说，至今我一直记得在企业大学时，培训总监对我说过的话。他说，不要以为你们是高高在上的老师，在这里我们是服务者，学员才是客户！现在我每一次上课，都会不断提醒自己，培训师也要有服务意识。

　　"希望接下来即将成为企业培训师的你们，都以工匠精神面对每一次培训，以服务意识对待每一位学员。祝大家都能成为最优秀的培训师。谢谢！"

收尾行动

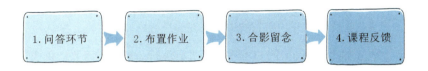

问答环节。课程收尾时，结合实际情况，如果课程中有很多需要学员思考讨论的地方，就要加入问答环节。如果课程更多是知识传授，大家需要回去再复习，也可以没有问答环节。另外要控制时间。如果全日课程，问答环节可以留半小时；如果整个课程只有一小时，你可以在最后留5分钟，让大家提3个问题，这样可以更好把握时间。

布置作业。很多课程结束后，要给学员留下作业，比如说让大家完成一份PPT、写一份学习心得、录制实操过程的视频等。

合影留念。还可以和学员一起，拍照合影留念，如果教室有条幅等宣传物品，还可以带着条幅一起拍照。

课程反馈。根据HR需要，设计一个课程反馈问卷，以下几个问题可以作参考：

（1）您觉得本次培训是否达到您的期望？

（2）您觉得自己在这次培训中主要有哪些收获？

（3）您觉得本次培训做得比较好的地方在哪里？

后面是我的"商务演讲"课程的课后评估报告范例。

"商务演讲"课后评估问卷

亲爱的同事：

恭喜您圆满完成"商务演讲"课程的学习！

请您抽出3分钟时间对本次课程进行评价，您的反馈非常重要，它将帮助我们以后更好地为您提供服务，谢谢您的支持！

1. 您的姓名：_____

2. 您觉得本次培训是否达到您的期望？ _____

（1～10分，最不满意为1分，非常满意为10分）

3. 您对老师的专业及授课能力的满意程度：_____

（1～10分，最不满意为1分，非常满意为10分）

4. 您对课程内容的满意程度：_____

（1～10分，最不满意为1分，非常满意为10分）

5. 您觉得本次培训对您提升演讲能力的帮助程度：_____

（1～10分，最不满意为1分，非常满意为10分）

6. 您对本次培训总体的满意程度：_____

（1～10分，最不满意为1分，非常满意为10分）

7. 您觉得自己在这次培训中主要有哪些收获？

_____

_____

8. 您觉得本次培训做得比较好的地方在哪里？

_____

_____

9. 您对本次培训是否还有一些好的建议?

_____

_____

10. 您期待未来还能获得哪些方面的提升? （例如：培训师技巧、知识萃取、管理能力、领导力、情商、商务礼仪、PPT设计技巧等）

_____

_____

三、培训后

完成了全部课程内容，恭喜你，顺利上完了一堂课，很不容易吧？但是培训并非就此结束，后面还有课后跟踪环节要继续，才能保证培训更有效果，更好落地。

课后一周：将学员的作业收上来进行点评和反馈，帮助学员发现他们可以改进的地方。

课后 1 ~ 3 个月：跟进回访，再次确认培训效果。如果你和学员距离比较近，可以约学员面谈；也可以进行电话访谈。

另外，你也可以对学员的上级领导进行访谈，看一看针对这次课程，学员在课程结束后，有没有行为上的改进。

后 记

从事培训行业十余载，我已经数不清自己在讲台上站了多少天，讲了多少个小时了。很多人问我，陈老师，你是如何将培训做到炉火纯青业界顶尖的？我说，哪有什么秘诀，无非就是一分钟一分钟站出来一个字一个字讲出来的。有人说，台上一分钟，台下十年功。我想说，台上也要十年功，没有捷径。无非就是热爱培训，享受成就他人的状态。这份事业，让我发自内心有满足感和成就感。

有的年轻人告诉我，他也想做培训师，最好天天讲课。我告诉他说，你先别想那么远，一下子如果想太远，想法反而容易夭折。先在自己的公司内部讲起来。按照这本书的步骤，第一章大概了解一下培训师这个角色，第二章试着开发自己的课程体系和内容（不妨从一个20分钟的分享开始吧），第三章提高自己的授课能力，讲得稍微生动而不枯燥（也要在实践中去提升），第四章学着设计一些课程环节，就可以把一个小分享扩展成为一个比较长的半天讲座或者工作坊了。只要行动起来，一切也就没有那么难。先试试课程能不能做出来，同事们想不想听你讲，以及你自己想不想讲下去。把课程做出来，发现行得通，再慢慢精进。我当年也是从一个小分享开始做起，到今天有了自己的培训体系。

培训师不是一蹴而就的，需要不断修炼，不断积累和沉淀。你不单单是热爱这个行业，还要在专业、实践、表达力等方面精益求精；持续精进、坚持不懈，让自己的课程既"叫座"，又"叫好"。

相信作为培训师的你，在不断地努力中，一定可以从小白到高手，从优秀到卓越，在量变中最终达到质变，成功完成你成为培训师的美好蜕变。

与你共勉。